Personalauswahl in der Pflege

Karl-Heinz List

Personalauswahl in der Pflege

Ausschreibung – Interviews – Entscheidung

Mit 11 Abbildungen

Springer

Karl-Heinz List
Unternehmensberatung,
Prezelle, Deutschland

ISBN-13 978-3-642-29998-8 ISBN 978-3-642-29999-5 (eBook)
DOI 10.1007/978-3-642-29999-5

Die Deutsche Nationalbibliothek verzeichnet diese Publikation in der Deutschen Nationalbibliografie; detaillierte bibliografische Daten sind im Internet über http://dnb.d-nb.de abrufbar.

Springer Medizin

Planung: Susanne Moritz, Berlin
Projektmanagement: Dr. Ulrike Niesel, Heidelberg
Lektorat: Ute Villwock, Heidelberg
Projektkoordination: Eva Schoeler, Heidelberg
Umschlaggestaltung: deblik Berlin
Fotonachweis Umschlag: © Fotolia/Andreas Haertle
Satz: Fotosatz-Service Köhler GmbH – Reinhold Schöberl, Würzburg

Gedruckt auf säurefreiem und chlorfrei gebleichtem Papier

Springer Medizin ist Teil der Fachverlagsgruppe Springer Science+Business Media
www.springer.com

Vorwort

Wer Pflegepersonal sucht, kennt die Situation. In Kliniken, Altenheimen, bei ambulanten Pflegediensten und sozialen Einrichtungen wird es immer schwieriger, geeignetes Personal zu finden. Bei der Suche nach Fach- und Führungskräften befindet man sich im Wettbewerb mit anderen Unternehmen der Branche. Manche zahlen schon Prämien an ihre Mitarbeiter, wenn sie Kollegen werben.

In diesem Buch erfahren Sie, wie Sie Bewerber erreichen, auf welchem Wege und mit welchen Mitteln, wie zum Beispiel die bewährte Stellenanzeige, aber auch neue Wege über Facebook oder XING. Sie müssen sich Gedanken machen, welche Anforderungen Sie an den neuen Mitarbeiter stellen und was Ihr Unternehmen außer einer leistungsgerechten Bezahlung noch bieten kann, wie zum Beispiel familienfreundliche Arbeitszeiten oder eine Kinderbetreuung.

Dies ist ein Arbeitsbuch. Sie lernen Werkzeuge kennen, um systematisch Bewerber auszuwählen, von der Stellenanzeige über die Vorauswahl anhand der Bewerbungsunterlagen bis hin zum unverzichtbaren Interview. Bei einem netten Plausch wird man schwerlich herausfinden, ob ein Bewerber fachlich qualifiziert ist und die soziale Kompetenz besitzt, um seine künftigen Aufgaben zu erfüllen. Lernen Sie die richtigen Fragen stellen, um die wichtigen Informationen über die Eignung des Bewerbers zu erhalten.

An fünf Beispielen aus der Praxis lernen Sie eine Auswahlmethode kennen, die auf einem Soll-Ist-Vergleich beruht. Was soll der künftige Mitarbeiter können (Soll) und was hat er zu bieten, was dem Anforderungsprofil sehr nahe kommt (Ist)?

Bei der Entscheidung, wer eingestellt wird, spielen auch Gefühle eine Rolle. Die Einstellungsentscheidung ist eine Prognose. Welchem Bewerber trauen Sie zu, dass er die Erwartungen erfüllen wird? In diesem Buch werden Gefühl und Verstand in die Entscheidungsfindung integriert, um trotz Unwägbarkeiten eine gewisse Sicherheit bei der Auswahl geeigneter Bewerber zu bekommen.

Ich wünsche Ihnen eine glückliche Hand bei der Bewerberauswahl.

Im April 2012, Karl-Heinz List

Inhaltsverzeichnis

Personalsuche: Bewährte Pfade – neue Wege

1.1 Anforderungen und Aufgaben

1.1.1 Anforderungen festlegen

Zunächst einmal muss Klarheit darüber herrschen, welche Anforderungen zu erfüllen sind: Ausbildung, Erfahrung, Kenntnisse und Stärken, die der neue Mitarbeiter zum Nutzen des Unternehmens einsetzen kann. Die Anforderungskriterien werden benötigt für die Stellenausschreibung, die Vorauswahl anhand der Bewerbungsunterlagen und zur Vorbereitung des Interviews. Im Interviewbogen werden die Fragen von den Anforderungskriterien abgeleitet.

■ Übersicht Anforderungskriterien

Fachliche Qualifikation

- Fachwissen, Fertigkeiten, Spezialwissen
- Fachkönnen, Berufserfahrung (Branche)
- EDV- und PC-Kenntnisse
- Fremdsprachenkenntnisse (Grad der Beherrschung)
- Weiterbildung (Seminare, Abendkurse)

Geistige und kreative Fähigkeiten

- Auffassungsgabe
- Logisches, strategisches und konzeptionelles Denken
- Kreative Fähigkeiten
- Pädagogisches Geschick
- Organisationstalent
- Improvisationsvermögen
- Urteilsvermögen
- Sprachliche Ausdrucksfähigkeit (mündlich, schriftlich)
- Rhetorische Begabung
- Verhandlungsgeschick

Soziale Fähigkeiten

- Empathie
- Kontaktfreude
- Veränderungsbereitschaft, Flexibilität
- Kommunikation, Kooperation

Persönlichkeitsmerkmale (Beispiele)
Selbstsicher, glaubwürdig, loyal, energisch, durchsetzungsstark, freundlich, hilfsbereit, kundenorientiert, sicheres Auftreten

Arbeitsweise/Arbeitseinsatz/Arbeitserfolge
- Selbstständig, eigenverantwortlich
- Engagement, Ideen, Belastbarkeit
- Erfolge (z.B. Ziele erreicht)

Führungskompetenz
- Führungserfahrung
- Begeisterungsfähigkeit
- Führungseigenschaften, z.B. Durchsetzungsfähigkeit
- Managementfähigkeiten: planen, organisieren, kontrollieren, entscheiden

1.1.2 Aufgaben beschreiben

Die wichtigsten Aufgaben werden in Stichworten festgehalten, die später in Stellenanzeigen verwendet und im Interview ausführlicher dem Bewerber erläutert werden. Bei Bewerbern um Führungspositionen gehört auch die Verantwortung dazu, wie zum Beispiel »Personalverantwortung für 25 Pflegekräfte«.

1.2 Schriftliche Stellenangebote

1.2.1 Interne Stellenausschreibung

Nach § 93 Betriebsverfassungsgesetz kann der Betriebsrat (Personalrat im öffentlichen Dienst) verlangen, »dass Arbeitsplätze, die besetzt werden sollen, allgemein oder für bestimmte Arten von Tätigkeiten vor ihrer Besetzung innerhalb des Betriebs ausgeschrieben werden.«

Tipp

Verständigen Sie sich mit dem Betriebsrat, welche Stellen ausgeschrieben werden. Wozu sollte ein Altenheim oder ein ambulanter Pflegedienst die frei werdenden Stellen für Altenpfleger ausschreiben, wenn innerhalb der Einrichtung Fachkräfte zur Verfügung stehen?

Wenn es sich allerdings um die Stelle eines Pflegedienstleiters handelt, kann die Ausschreibung auch im Sinne der Einrichtung sein.

Interne Stellenausschreibungen unterscheiden sich nur in der Form, aber nicht inhaltlich von einer Stellenanzeige, die in der Zeitung oder in einer Internet-Jobbörse erscheint.

1.2.2 Printanzeigen

Es gibt sie noch, die Stellenanzeige in den Zeitungen oder Fachzeitschriften (■ Abb. 1.1), obwohl die Anzeigen in den Internet-Stellenbörsen eine immer größere Bedeutung haben. Bei Printanzeigen steht der Arbeitgeber vor der Entscheidung, ob er in einer überregionalen Zeitung inserieren möchte oder in einer regionalen Zeitung.

1.2.3 Online-Stellenanzeigen

Online-Anzeigen in den Jobbörsen sind oft kostengünstiger und erscheinen viel schneller. Es sind keine Fristen einzuhalten und man kann den Text online übermitteln. In großen Stellenbörsen sind alle Branchen bundesweit vertreten, auch die Pflege, wie zum Beispiel unter stepstone.de, monster.de, kimeta.de, JobScout.de. Eine kostenlose Alternative dazu ist beispielsweise www.backinjob.de. Sie haben weiterhin die Wahl, auch Jobbörsen zu nutzen, die sich auf die Gesundheitsbranche spezialisiert haben, wie zum Beispiel medi-jobs.de, jobcenter-medizin.de.

Es gibt auch regionale Anbieter. Bei der regionalen Stellenbörse www.koelner-job-stellenmarkt.de können Gesundheitseinrichtungen in der Rubrik »Soziales, Medizin« kostengünstig inserieren. Bei Google wird man schnell fündig: social.net, vincentz.net usw.

Altenheim sucht Altenpflegerin

Wir sind ein privates Altenheim in Hamburgs grüner Lunge. Wir pflegen, betreuen und versorgen alte Menschen. Aber das ist nicht alles. Wir nehmen uns Zeit für Gespräche mit jedem Einzelnen, aber auch in Gesprächsgruppen, wo jeder mitmachen kann, auch Angehörige.

Wir suchen sofort eine(n) examinierte(n)

Altenpfleger(in)

als Vollzeitkraft, 40 Stunden, unbefristeter Arbeitsvertrag.

Sie haben Berufserfahrung, auch in der Sterbebegleitung

Sie arbeiten selbstständig und eigenverantwortlich

Sie besitzen Empathie und können zuhören

Sie machen ihre Arbeit mit Herz und Verstand

Sie sind körperlich belastbar und emotional stabil

Zu Ihren Aufgaben gehören:

- Grund- und Behandlungspflege
- Pflegeanamnese erheben
- Prophylaxen anwenden
- Pflege von Sterbenden
- Einbeziehung der Angehörigen
- Anleitung von Pflegehilfskräften

Mit den Konditionen werden Sie zufrieden sein. Wir zahlen ein leistungsgerechtes Gehalt und bieten gute Sozialleistungen.

Wir freuen uns auf Ihre Bewerbung. Online-Bewerbungen bitte an:

altenheim@alsterblick.de

Wenn Sie Fragen haben, rufen Sie unseren Pflegedienstleiter Herrn Specht an:

040 1234567

Altenheim Alsterblick, Alsterchaussee 1, 20091 Hamburg

Abb. 1.1 Muster Stellenanzeige (Print) Altenheim sucht Altenpflegerin

Die Stellenanzeige auf der eigenen Homepage ist dann zu empfehlen, wenn Bewerber die Möglichkeit haben, sich online zu bewerben.

1.3 Social Media (XING, Facebook)

Nach einer Untersuchung der Unternehmensberatung McKinsey nutzen weltweit bereits 40% die sozialen Medien. Das lässt noch keine Rückschlüsse zu, wie effektiv diese sind. Doch das Employer-Branding kommt auch hierzulande immer mehr in Mode. Man versteht darunter die Gestaltung des Arbeitgeber-Image. So kann man bei den E-Mails dieser Unternehmen einen Hinweis finden auf den Facebook-Account. Über eine Recruiter-Mitgliedschaft können Unternehmen Personalsuche betreiben: www.facebook.com/advertising/. (Quelle: Faktor A – Das Arbeitgebermagazin 3/2011, Hrg. Bundesagentur für Arbeit).

Einzelmitglieder bei Facebook, XING oder Linkedin können kostenlos in den Gruppen, in denen sie Mitglied sind, Stellenangebote einstellen. Ob dies Erfolg hat, darüber gibt es keine Statistik. Probieren Sie es einfach aus, zum Beispiel bei der XING-Gruppe »HealthCare – Service und Management.«

1.4 Stellengesuche

Die regionalen und überregionalen Internet-Stellenbörsen, Fachzeitschriften und Tageszeitungen, die Stellenanzeigen von Unternehmen veröffentlichen, bringen auch Stellengesuche. Gerade in Zeiten knapper Fachkräfte lohnt es sich für Arbeitgeber, auch diese Quelle zu nutzen. Hier können Unternehmen auch den Standort für ihre Zwecke nutzen. Manche zieht es in attraktive große Städte, einige arbeiten gerne dort, wo andere Urlaub machen.

Ob es effektiv ist, auf Stellengesuche in regionalen und überregionalen Zeitungen, Internet-Stellenbörsen, Fachzeitschriften (Pflege) oder Internetportalen (www.socialnet.de) zu setzen, lässt sich nicht sagen. Man muss es einfach ausprobieren.

1.5 Unterstützung durch staatliche und private Stellen

1.5.1 Agentur für Arbeit

Für die Stellenvermittlung gibt es einen Service für Arbeitgeber.

Tipp

Der Arbeitsmarkt für Pflegepersonal ist angespannt. Bevor Sie die kostenlose staatliche Hilfe bei der Stellenvermittlung in Anspruch nehmen, sollten Sie mit dem Arbeitsvermittler vor Ort sprechen, ob es überhaupt Stellensuchende gibt, die für Sie in Frage kommen.

1.5.2 Private Arbeitsvermittler, Personalberater

Es gibt private Personalvermittler, die sich auf die Vermittlung von Personal aus dem Gesundheitsbereich und der Pflege spezialisiert haben. Sie arbeiten im Auftrage von Unternehmen (z.B. ambulante Pflegedienste), schalten Anzeigen, führen Interviews und präsentieren dem Auftraggeber in der Regel mehrere Kandidaten zur Auswahl. Das Honorar beträgt zwischen einem und zwei Monatsgehältern.

Personalberater arbeiten ähnlich, werden aber meistens mit der Suche und Auswahl von Führungskräften beauftragt. Das Honorar: 15% bis 20% eines Jahresgehalts.

Adressen finden Sie auf den Gelben Seiten oder im Internet.

1.5.3 Leiharbeit

Um Personalengpässe zu überwinden, können Arbeitgeber die Dienste von Zeitarbeitsunternehmen in Anspruch nehmen. Sie schließen mit der Verleiherfirma einen so genannten Arbeitnehmer-Überlassungsvertrag, in dem das Honorar und die Art und Dauer des Einsatzes beschrieben ist. Die Dauer des Einsatzes ist gesetzlich nicht begrenzt.

Die meisten Leiharbeitsfirmen betreiben auch Personalvermittlung und vereinbaren bei den Leasing-Verträgen, dass bei einer Festeinstellung eines Leiharbeitnehmers ein Honorar fällig wird.

Tipp

Als Entleiher-Firma sollten Sie bei Vertragsabschluss darauf achten, dass dies ausgeschlossen ist. Die Abwerbung von Leiharbeitnehmern, die mit der Zeitarbeitsfirma einen Arbeitsvertrag geschlossen haben, ist üblich.

1.5.4 Jobmessen

Auf Jobmessen allgemein wie auch speziell für den Gesundheitssektor präsentieren Gesundheitsunternehmen und Pflegedienste ihr Angebot an freien Stellen. Die Frage ist, ob sich der Aufwand (Kosten für den Stand, Standbesetzung) lohnt, als Arbeitgeber an einer solchen Messe teilzunehmen. Solche Veranstaltungen gibt es mittlerweile in allen Regionen Deutschlands, wo Unternehmen nicht nur erfahrene Bewerber suchen, sondern Auszubildende und Hochschulabgänger.

1.6 Anreize und Attraktivität

Unternehmen, Krankenhäuser und Pflegeeinrichtungen stehen bei der Suche nach qualifizierten Fach- und Führungskräften im Wettbewerb mit anderen Gesundheitseinrichtungen. Auch Krankenhäuser- und Pflegedienste müssen sich Gedanken machen, wie sie ihre Attraktivität als Arbeitgeber steigern können. Auf der einen Seite schlägt sich die Qualität der Dienstleistung, der gute Ruf, andererseits aber auch das gute Betriebsklima auf eine niedrige Fluktuationsrate nieder.

1.6.1 Mitarbeiter werben neue Kollegen

Nicht nur Großfirmen, sondern auch Einrichtungen der ambulanten und stationären Pflege, wie »Pflegen und Wohnen« in Hamburg oder »Münchenstift – Wohnen und Pflegen für Senioren«, zahlen Prämien an ihre Mitarbeiter, wenn sie auf deren Empfehlung neue Kollegen einstellen können. Die Unternehmen zahlen nach der Probezeit Prämien zwischen 500 und 3000 Euro.

Prämien zu zahlen hat überhaupt nichts Anrüchiges und wird indirekt zumindest in Wirtschaftsunternehmen immer schon praktiziert, nämlich durch

Anzeigen oder Berater (Direktansprache) Mitarbeiter mit attraktiven Arbeitsbedingungen abzuwerben. Auch Pflegeeinrichtungen und Krankenhäuser müssen sich auf Wettbewerb einstellen, wenn Fachkräfte knapp werden.

Die Besonderheit, die es bei Pflegekräften gibt, dürfte darin bestehen, dass diese Fachkräfte nicht unbedingt den Arbeitsplatz wechseln, um einen Euro pro Stunde mehr zu verdienen. Selbst Krankenhäuser, Altenheime und ambulante Pflegedienste mit guten Bedingungen haben Probleme, neue Mitarbeiter anzuwerben, trotz familienfreundlicher Arbeitsplätze, Kinderbetreuung, flexiblen Arbeitszeiten und Weiterbildungen. Man braucht sich nur die Stellenangebote in den Internetbörsen anzuschauen bei Stepstone, Monster oder Kimeta. Das Problem ist: Welche Altenpflegerin, die bei schlechten Arbeitsbedingungen auf dem Land arbeitet, weil sie dort ihren Lebensmittelpunkt hat, wird schon ein besseres Angebot in Hamburg bei Pflegen und Wohnen annehmen oder nach München ziehen, um beim Münchenstift zu arbeiten? Da nützen auch Prämien nichts.

Die Situation zu beklagen, hilft nicht. Man muss nach Lösungen suchen. Man muss Antworten finden auf die Frage: Wie kann man den Pflegeberuf attraktiver machen?

1.6.2 Familienfreundlichkeit

Selbst gute Arbeitgeber können immer noch etwas verbessern, um qualifizierte Bewerber anzusprechen. Da der Frauenanteil in der Pflege hoch ist, sollten Pflegeeinrichtungen Arbeitsplätze anbieten, bei denen sich die Interessen des Arbeitgebers und die Bedürfnisse der Mitarbeiter besser in Einklang bringen lassen. Neben Kinderbetreuung können Arbeitgeber auch durch Organisation etwas tun, um berufstätigen Vätern und Müttern entgegenzukommen, wie etwa durch variable Arbeitszeiten und Teilzeitarbeit.

1.6.3 Aus- und Weiterbildung

Ein wirksames Mittel, um die Knappheit an Pflegepersonal nachhaltig zu überwinden, ist die Ausbildung in diesem Beruf. Man muss junge Schulabgänger für den Beruf gewinnen. Veranstalten Sie einen Tag der offenen Tür, wo Sie mit Filmen, Diskussionen und Einzelgesprächen jungen Menschen diesen Beruf näher bringen. Laden Sie Lehrer und Schüler von allgemein bildenden Schulen sowie Fach- und Hochschulen ein, am besten auch noch Ihre Mitarbeiter, auch ein Sommerfest eignet sich dazu. Bieten Sie Information und Unterhaltung, aber auch Praktika für Schüler und Studenten an. Schicken Sie Ihre Führungskräfte in die Schulen, wo Schulabgänger Informationen erhalten und Fragen stellen können.

1.6.4 Trainee-Programme

In größeren Wirtschaftsunternehmen wird sie schon lange praktiziert, aber in Pflegeeinrichtungen ist sie noch nicht sehr verbreitet: Die Ausbildung von Hochschulabsolventen als Führungsnachwuchs. Doch dies gibt es auch in Pflegeeinrichtungen. Beispiele:

CURA Unternehmensgruppe, Berlin

Das Unternehmen betreibt Senioren- und Pflegeeinrichtungen. Ziel der Ausbildung, die in der Regel 12 Monate dauert, ist die Vorbereitung auf eine Position »Einrichtungsleitung«, zunächst kommissarisch oder als Stellvertreter(in). Das Programm richtet sich an Hochschulabsolventen der Fachrichtungen Pflege- und Sozialmanagement oder Betriebswirtschaft sowie an Pflegefachkräfte mit Zusatzqualifikation. Das Unternehmen sucht die Trainees über die Internet-Stellenbörsen und durch Bekanntgabe in der Presse.

Evangelische Heimstiftung, Stuttgart

Das Diakonie-Unternehmen bietet stationäre und ambulante Pflege an. Das Trainee-Programm gibt es bereits seit sieben Jahren. Die Ausbildung dauert in der Regel 12 Monate auf der Grundlage eines Arbeitsvertrages. Als Bewerber kommen sowohl Gesundheits- und Kranken- sowie Altenpflegekräfte mit einer Zusatzausbildung zur Pflege- und Wohnbereichsleitung infrage als auch Hochschulabsolventen der Fachrichtungen Pflege- oder Sozialmanagement. Auch Betriebswirte kommen zum Zuge. Voraussetzung ist die Zugehörigkeit zu einer christlichen Religionsgemeinschaft.

Das Ziel der Ausbildung ist die Leitung einer Pflegeeinrichtung.

Die Bewerbersuche erfolgt über Kontakte zu Hochschulen und über die Homepage www.ev-heimstiftung.de. Es gibt keine festen Termine für den Beginn der Ausbildung.

- **Weiterbildung**

Eine Weiterbildung liegt sowohl im Interesse des Unternehmens als auch des Mitarbeiters. In den qualifizierten Berufen ist Weiterbildung schon deshalb notwendig, damit die Mitarbeiter stets auf dem neuesten Stand in ihrem Beruf sind. Das kostet Geld, zahlt sich aber aus.

Wohlfahrtsorganisationen, IHK und private Institute bieten Lehrgänge für die Ausbildung zur Pflegedienstleitung nach § 71 SGB XI an, die der Staat finanziell unterstützt (Meister-BAFÖG).

- **Höherqualifizierung**

Ein Anreiz für Mitarbeiter besteht darin, dass sie sich qualifizieren können. Pflegehelfer können zum Beispiel die Chance bekommen, eine Ausbildung zum examinierten Gesundheits- und Krankenpfleger zu absolvieren. Es gibt bereits solche Projekte, die finanziell durch die Agentur für Arbeit gefördert werden.

1.6.5 Team und Betriebsklima

Gute »Werbeträger« sind die eigenen Mitarbeiter, die positiv über ihre Arbeit und den Arbeitgeber sprechen. Wenn Sie Zweifel haben, ob Ihre Mitarbeiter ein positives Bild haben, sollten Sie eine Mitarbeiterbefragung organisieren, um herauszufinden, wo die Schwachstellen liegen und was man verbessern könnte. Wenn man als Arbeitgeber überzeugt ist, ein attraktiver Arbeitgeber zu sein, dann sollte man das auch in der Außendarstellung herausstellen, auf der Homepage, in Stellenanzeigen oder beim Tag der offenen Tür.

1.7 Checkliste Personalsuche

Wer wird gesucht?			
	☑	In Arbeit	Erledigt
Anforderungen definieren			
Aufgaben festlegen			
Beschaffungswege			
Interne Ausschreibung	☐	☐	☐
Internet-Stellenbörse	☐	☐	☐
Stellengesuche Stellenbörsen	☐	☐	☐
Firmen-Homepage	☐	☐	☐
Fachzeitschrift: ____________	☐	☐	☐
Zeitung: ____________	☐	☐	☐
Stellenanzeige texten	☐	☐	☐
Schriftliche Bewerbungen sichten	☐	☐	☐
Einladen	☐	☐	☐
Termin abstimmen	☐	☐	☐
Zwischenbescheid	☐	☐	☐
Absagen	☐	☐	☐

Zusammenfassung

Altenpflege ist ein Wachstumsmarkt. Wegen der demografischen Entwicklung werden immer mehr Pflegekräfte benötigt. Die Pflegeeinrichtungen müssen sich darauf einstellen, dass sie bei der Suche nach Pflegepersonal im Wettbewerb stehen. Ein attraktiver Arbeitgeber muss den Mitarbeitern etwas bieten, wie zum Beispiel leistungsgerechte Bezahlung, familienfreundliche Arbeitszeiten, Weiterbildung, beruflichen Aufstieg.

In Zeiten knapper Arbeitskräfte im Pflegebereich und der hohen Fluktuationsrate von 47% müssen sich die stationären und ambulanten Pflegedienste, die Altenheime und Krankenhäuser etwas einfallen lassen, um geeignetes Personal in ausreichender Anzahl zu finden. Was tun? Stellenanzeigen in Fachzeitschriften und Zeitungen werden nicht genügen. Man muss auch die neuen Medien nutzen, wie zum Beispiel XING und Facebook. Man wird nicht darum herumkommen, mehr junge Leute für die Pflegeberufe begeistern und den Beruf auch für Hochschulabsolventen attraktiv machen zu müssen.

Literatur

Liederbach, C (2011) Mitarbeiter suchen und finden – aber wie? In Health&Care Management, Heft 9, 16-19

Öchsner, Thomas: Wenn der Chef Kopfgeld zahlt. In Süddeutsche Zeitung 26.9.2011

Bewerbungsunterlagen: Sichten und bewerten

2.1 Soll-Ist-Vergleich

Würde man streng logisch vorgehen, müsste man eine Liste anlegen und für jeden Bewerber einen Soll-Ist-Vergleich vornehmen. Die Anforderungen (Soll) würden den Fähigkeiten, der Berufserfahrung und den Arbeitserfolgen (Ist) gegenübergestellt. Das wäre sehr aufwändig.

In der Praxis wird daher mit einem Mix aus Intuition und Verstand folgendermaßen verfahren: Die Anforderungen werden der tatsächlichen Qualifikation gegenübergestellt. Je präziser die Anforderungen in der Stellenanzeige formuliert sind, desto passender die Bewerbungen. Das Ziel kann nicht sein, möglichst viele Bewerbungen zu bekommen, sondern die richtigen, die dem Anforderungsprofil sehr nah kommen.

2.2 Schriftliche Bewerbung

Die Selbstpräsentation des Bewerbers beginnt mit der schriftlichen Bewerbung.

Die schriftliche Bewerbung sollte vollständig und aussagefähig sein, Form und Aufmachung ansprechend und die Unterlagen (Bewerbungsschreiben, Lebenslauf, Zeugnisse) in einer Bewerbungsmappe chronologisch geordnet sein, d.h. zuerst das Bewerbungsschreiben, dann der Lebenslauf, das neueste Arbeitszeugnis usw. Die Anforderungen an Form und Inhalt sind bei einem Hochschulabsolventen höher als bei einer Altenpflegehelferin.

Zu einer schriftlichen Bewerbung gehören
- Bewerbungsschreiben (max. 1 Seite)
- Tabellarischer Lebenslauf (max. 2 Seiten)
- Schulzeugnis bei Auszubildenden oder Abschlusszeugnisse
- Arbeitszeugnisse

Hierzulande ist es üblich, den Lebenslauf mit Ort, Datum und Unterschrift zu versehen. Auch das Foto ist nach wie vor ein Bestandteil der schriftlichen Bewerbung. Das könnte sich bald ändern. Seit Juli 2010 läuft ein Pilotprojekt »Anonyme Bewerbungen«. Ziel des Projekts ist, Chancengleichheit auf dem Arbeitsmarkt herzustellen und die Qualifikation der Bewerber in den Vordergrund zu stellen. Die Antidiskriminierungsstelle des Bundes führt das Pilotprojekt mit wissenschaftlicher Begleitung durch. Die Ergebnisse werden im Frühjahr 2012 vorgestellt. Ein Bewerbungsformular für anonyme Bewerbungen kann unter dieser Internetadresse herunter geladen werden: www.antidiskriminierungsstelle.de/fragebogen

2.2.1 Initiativbewerbungen (Kurzbewerbungen)

Heute schicken Bewerber kaum noch ihre Bewerbungsmappe auf gut Glück an Unternehmen. Es genügt, wenn sie eine Kurzbewerbung schicken: Bewerbungsschreiben und Lebenslauf. Bewerber schicken die Kurzbewerbung an Gesundheitseinrichtungen, die Mitarbeiter mit ähnlicher Ausbildung und Berufserfahrung beschäftigen. Sie hoffen, dass vielleicht gerade eine Stelle frei geworden ist oder in absehbarer Zeit frei wird, die für den Bewerber in Frage kommt.

2.2.2 Bewerbungsschreiben

Mit dem Bewerbungsschreiben sollten Bewerber Aufmerksamkeit wecken und positive Gefühle beim Leser auslösen. Folgende Assoziationen könnten z.B. bei einem Personalverantwortlichen beim Lesen einer Bewerbung entstehen:

- »Hört sich gut an, was er da schreibt! Er könnte uns vielleicht helfen, unsere Probleme zu lösen.«
- »Dieser Bewerber könnte vielleicht zu uns passen: Was er schreibt, wirkt frisch. Er ist offenbar voller Tatendrang.«
- »Wenn es stimmt, was die Bewerberin schreibt, hat sie bisher gute Arbeit geleistet. Sie könnte auch ein Gewinn für unser Pflegeteam sein.«
- »Aus dem, was und wie sie es schreibt, muss man schließen, dass sie Freude an ihrer Arbeit hat. Sie wäre bei uns gut aufgehoben.«

Wer heute Bewerbungen sichtet, hat weder Lust noch Zeit, fünfzig oder mehr Bewerbungen zu lesen, was bei der Besetzung von Führungspositionen nicht ungewöhnlich ist. Das Bewerbungsschreiben sollten Sie jedoch immer lesen. Vom Bewerbungsschreiben kann man erwarten, dass der Bewerber bei dieser ersten Kurz-Präsentation mitteilt, was er dem Unternehmen zu bieten hat.

2

Was ein Bewerbungsschreiben enthalten sollte

- **Was kann der Bewerber bieten?**
  - Ausbildung, Studium
  - Weiterbildung
  - Berufserfahrung, besondere Kenntnisse
  - Fähigkeiten, Stärken, Arbeitserfolge
- **Worin besteht der Nutzen für das Unternehmen?**
  - Berufserfahrung, Engagement, Arbeitsergebnisse
  - Führungserfahrung, Erfahrung als Projektleiter
- **Grund des Wechsels:** Betriebliche Gründe, Insolvenz, berufliche Entwicklung, private Gründe
- **Gehaltsvorstellung**
- **Frühester Eintrittstermin, Kündigungsfrist**

2.2.3 Lebenslauf

Heute ist der tabellarische Lebenslauf üblich, mit Schreibmaschine oder PC geschrieben, wobei es der Vorliebe des Verfassers überlassen bleibt, ob er beim Berufsweg chronologisch vorgeht oder die umgekehrte Form wählt und die gegenwärtige Tätigkeit zuerst beschreibt. Die Frage, ob die Interessen und Hobbys in den Lebenslauf gehören, kann man nicht verbindlich beantworten.

2.3 Arbeitszeugnisse

2.3.1 Bedeutung für die Bewerberauswahl

Man hört immer öfter, dass Arbeitszeugnisse für die Bewerberauswahl so gut wie keine Bedeutung mehr hätten, weil sich die Zeugnisse glichen wie ein Ei dem anderen und nur gute und sehr gute Beurteilungen enthielten.

Im Museum der Arbeit in Hamburg sind Zeugnisse archiviert, die vor 150 Jahren ausgestellt wurden und Sätze enthalten, wie sie auch heute noch in Arbeitszeugnissen stehen: »Sie hat zu unserer Zufriedenheit gearbeitet.« Nur die Bewertung hat sich geändert. Seinerzeit war dies eine gute Bewertung der Leistung, was sich schon aus der Sprache ergibt. Heute folgt die Beurteilung der Leistung nach den so genannten Zufriedenheitsfloskeln, was bei unserem Beispiel der Schulnote »befriedigend« entspricht und als durchschnittliche Leistung gilt. Das Bundesarbeitsgericht hat diese Formulierungen des Zeugniscodes aus Gründen der Rechtssicherheit mit dem Eingeständnis sanktioniert, dass sie besser klingen als sie gemeint sind. Ein Fehler, wie sich in der Praxis herausstellt, weil man mit Schulnoten der Qualifikation und Leistung eines Mitarbeiters nicht gerecht wird. Es gibt Arbeitgeber, die informative Zeugnisse ausstellen, nicht den Zeugniscode benutzen und in einer klaren, nichtcodierten Sprache die Beurteilung der Leistung nach den Stärken und Arbeitsergebnissen ausrichten.

2.3.2 Zeugnisanalyse

Nicht wenige Zeugnisse sind in sich widersprüchlich. Wenn auch die Gesamtbeurteilung gut ausfällt (»stets zu unserer vollen Zufriedenheit«), fehlen oft entscheidende Dinge, wie etwa die Empathie bei Altenpflegern oder der Hinweis auf das selbstständige Arbeiten. Bei Führungskräften fehlt häufig die Beurteilung der Führungskompetenz und der Führungsleistung. Es ist nicht immer eindeutig zu beurteilen, ob das Weglassen absichtlich oder aus Nachlässigkeit erfolgte.

Es gilt nach wie vor als seriös, langjährigen Mitarbeitern recht ausführliche Zeugnisse zu schreiben. Oft sind es drei oder vier Seiten. Einem Vielleser geht die epische Breite schnell auf die Nerven: Wo steht das Wesentliche?

Es tauchen immer wieder die gleichen Formulierungen, Floskeln und Redewendungen auf. Vielen Zeugnissen merkt man an, dass es für den Zeugnisaussteller eine lästige Pflicht gewesen sein muss, derer er sich ganz schnell entledigt hat.

2.3.3 Checkliste Zeugnisanalyse

Bei der Analyse eines Arbeitszeugnisses geht es um folgende Fragen:

1. Ist die Aufgabenbeschreibung so, dass man sich ein Bild machen kann?
2. Enthält das Zeugnis »verdeckte Beurteilungen« (… »war sehr gesellig«)?
3. Werden Selbstverständlichkeiten erwähnt?
4. Sind Fehler im Zeugnis (Schreib- oder Grammatikfehler)?
5. Ist das Zeugnis vollständig? Fehlen Aussagen zu Leistung, Arbeitsverhalten oder zur Führungsleistung?

6. Fehlen beim Abschlusssatz der Dank oder die Zukunftswünsche?
7. Wie werden Leistung und Verhalten insgesamt beurteilt? Geschieht dies per Zeugniscode oder mit einer nicht codierten Formulierung?

2.3.4 Zeugnis-Code, verdeckte Beurteilungen, Schlusssatz

Die meisten Arbeitszeugnisse, das haben empirische Untersuchungen ergeben, enthalten eine »Endbeurteilung« der Leistung. Viele Arbeitgeber verwenden dazu bestimmte Redewendungen und Floskeln, die man zusammenfassend als »Zeugnis-Code« bezeichnet. Es handelt sich um Formulierungen, die sich an den Schulnoten orientieren, aber sehr viel positiver klingen als sie gemeint sind:

- Sehr gut → der Mitarbeiter hat die ihm übertragenen Aufgaben stets zu unserer vollsten Zufriedenheit erledigt
- Gut → stets zu unserer vollen Zufriedenheit
- Befriedigend → zu unserer vollen Zufriedenheit
- Ausreichend → zu unserer Zufriedenheit
- Mangelhaft → hat sich bemüht, den Anforderungen gerecht zu werden

Es haben sich inzwischen auch andere Standardformulierungen eingebürgert, die zumindest professionellen Zeugnisausstellern bekannt sind:

- Sehr gut → der Mitarbeiter hat unseren Erwartungen in jeder Hinsicht und in besonderer Weise entsprochen oder
  seine Leistungen haben unsere besondere Anerkennung gefunden
- Gut → mit den Arbeitsergebnissen waren wir stets vollauf zufrieden
- Befriedigend → hat unseren Erwartungen voll entsprochen
- Ausreichend → er hat unseren Erwartungen entsprochen
- Mangelhaft → er hat im Großen und Ganzen unsere Erwartungen erfüllt

▪ Verdeckte Beurteilungen

Es hat sich in der Praxis eingebürgert, negative Beurteilungen so zu formulieren, dass sie positiv klingen, insbesondere bei nicht ausreichenden Leistungen:

- Sie zeigte Verständnis für ihre Arbeit.
- Er erledigte alle Aufgaben mit großem Fleiß und Interesse.
- Er hat sich im Rahmen seiner Fähigkeiten eingesetzt.

Formulierungen aus der »Giftküche« sind nach dem Klarheitsgebot des § 109 (2) der Gewerbeordnung vom 1.1.2003 nicht zulässig.

Hier ein paar Kostproben:

- Der Mitarbeiter hat seine Aufgaben ordnungsgemäß erledigt → ein Bürokrat, ohne Initiative
- Er ist tüchtig und weiß sich zu verkaufen → unangenehmer Mitarbeiter, Wichtigtuer
- Wegen seiner Pünktlichkeit war er stets ein Vorbild → in jeder Hinsicht eine Niete
- Er hat zur Verbesserung des Betriebsklimas beigetragen → Alkohol im Dienst
- Er bewies für die Belange der Belegschaft stets Einfühlungsvermögen → ständig auf der Suche nach Sexualkontakten

Um der Wahrheit die Ehre zu geben, muss man hinzufügen, dass die meisten Zeugnisaussteller solche Formulierungen nicht verwenden.

- **Schlusssatz**

Der Abschlusssatz kann aus drei Teilen bestehen:

- Bedauern des Ausscheidens
- Dank für geleistete Arbeit
- Zukunftswünsche

Fehlt der Schlusssatz komplett, handelt es sich um ein schlechtes Zeugnis. Formulierungen wie »Wir bedauern das Ausscheiden von Frau Z.«, finden sich nur in guten und sehr guten Zeugnissen. Daran ändert auch die Feststellung des Bundesarbeitsgerichts nichts, dass der Schlusssatz kein gesetzlicher Bestandteil des Arbeitszeugnisses ist.

2.4 Vorauswahl in drei Schritten

- **1. Schritt**

Verschaffen Sie sich zunächst einen Eindruck über das Erscheinungsbild der Bewerbung und lesen Sie Bewerbungsschreiben und Lebenslauf. Ist beides ansprechend und kommt dem Anforderungsprofil schon recht nahe, wird die Bewerbung auf den Stapel »**vielleicht**« gelegt.

Bestehen jetzt bereits Zweifel an der Eignung, landen die Unterlagen auf dem Stapel »**nein**«, was eine Absage zur Folge hat.

- **2. Schritt**

Jetzt lesen Sie die vollständigen Bewerbungen vom »Vielleicht-Stapel.« Jetzt spielen auch Schul- und Arbeitszeugnisse sowie Weiterbildungsnachweise eine Rolle. Bei diesem zweiten Durchgang spielen die Gefühle, die durch die Bewerbung ausgelöst werden, eine größere Rolle, wie zum Beispiel:

- Der Bewerber hat uns neugierig gemacht.
- Er könnte die Position ausfüllen.
- Der Bewerber erweckt den Eindruck, er könnte ein Gewinn für unsere Einrichtung sein.
- Wir müssen den Bewerber unbedingt kennen lernen.

- **3. Schritt**

Sechs bis acht Bewerber erhalten eine Einladung zum Interview, zwei bis drei Bewerber einen Zwischenbescheid (könnten in Frage kommen, Reserve), der Rest erhält eine Absage.

Zusammenfassung

Hat ein Unternehmen für die angebotene Stelle nur eine/n einzige/n Bewerber/in (etwa bei einer internen Stellenausschreibung), kann es keine Vorauswahl geben, was die Einstellungsentscheidung umso schwieriger macht, weil keine Vergleiche mit anderen, vielleicht besseren Bewerbern angestellt werden können.
Das andere Extrem besteht darin, dass sehr viele Bewerbungen vorliegen. Das Unternehmen steht dann vor der Frage: Wen lade ich zum Interview ein? Wie soll man vorgehen? Möglichst viele Bewerber einladen? Erfahrungsgemäß führt das nicht zu besseren Ergebnissen. Laden Sie Bewerber ein, die dem Anforderungsprofil sehr nahe kommen. Ausschlaggebend ist auch der Gesamteindruck der Bewerbung. Die schriftliche Selbstpräsentation muss außerdem positive Gefühle beim Leser auslösen und einen guten ersten Eindruck vermitteln.

Literatur

Bolles, N (2009) Durchstarten zum Traumjob, Campus Frankfurt
List, K (2009) Das zeitgemäße Arbeitszeugnis. (4. Aufl), Bildung und Wissen Nürnberg
List, K (2003) Bewerbungskonzepte für Führungskräfte, Bildung und Wissen Nürnberg
Lorenz, M & Rohrschneider, U (2009) Erfolgreiche Personalauswahl, Gabler Wiesbaden
Yate, M (2008) Das erfolgreiche Bewerbungsgespräch. Campus Frankfurt

Die Rolle des Interviewers

3.1 Kenntnisse über Suchmethoden und Instrumente der Personalauswahl

Wer Personal auswählt, braucht Kenntnisse über die Suchmethoden und die zeitgemäßen Instrumente der Personalauswahl – und vor allem Geschick, beim Einstellungsinterview Informationen über die Qualifikation zu bekommen, um die richtige Entscheidung zu treffen. Selbst wer Erfahrung hat und professionell vorgeht, hat keine Gewissheit, dass er zu der richtigen Entscheidung kommt. Selbst wenn der Bewerber alle Anforderungen erfüllt und bisher in einer ähnlichen Funktion erfolgreich gearbeitet hat, bleibt die Entscheidung eine Prognose.

Eine Frage, die im Zusammenhang mit der Bewerberauswahl eigentlich nie gestellt wird, ist die nach dem Menschenbild der Interviewer. »Gute Menschen« suchen »gute Menschen«, sie sehen nur die positiven Eigenschaften des Bewerbers und neigen dazu, Bewerber den Vorzug zu geben, die ihren Persönlichkeitseigenschaften ähnlich sind. Die »Netten« stellen meist »Nette« ein. Sie haben ein Bild vom Menschen, das sich in dem Satz: »Der Mensch ist gut«, zusammenfassen lässt. Dieses idealistische Menschenbild hat etwas zu tun mit unserer christlichen Tradition.

Interviewer sind gut beraten, eher eine distanzierte und kritische Haltung einzunehmen. Wer als Interviewer alle Bewerber für gute Menschen hält, denen man eine hohe Wertschätzung entgegen bringt, fällt leichter auf »Blender« oder Selbstdarsteller herein. Die Angst davor kann Unternehmen zu dem Schluss verleiten, objektive Beurteilungskriterien festzulegen, die es nicht geben kann. Was könnte man tun? Bei Bewerbern, bei denen »Empathie« zu den wichtigen Anforderungskriterien gehört, wie etwa bei Fachkräften in der Pflege, könnten Sie mit einem Rollenspiel (► Abschn. 4.6) herausfinden, ob der Bewerber Empathie besitzt. Bei einem Bewerber um eine Führungsposition werden Sie in einem Konflikt- oder Kündigungsgespräch leicht herausfinden, ob der Bewerber im Rollenspiel als Chef Einfühlungsvermögen zeigt. Wer als Interviewer Erfahrung und ein gutes Gespür für Menschen hat, wird sich auch auf seine Intuition verlassen können.

3.2 Empathie: Unerlässlich für Interviewer

Um festzustellen, ob jemand zu Ihrem Team passt, müssen Sie herausfinden, was den Bewerber antreibt, wie er die Dinge anpackt und ob er in der Lage ist, sich durchzusetzen. Um dies festzustellen, braucht ein Unternehmen Mitarbeiter, die sich mit Menschen auskennen und ein Interview empathisch führen können.

Kann man Empathie lernen? Die Unfähigkeit, die Gefühle anderer zu verstehen, kann man nicht mehr richtig reparieren, meint der Hirnforscher Gerhard Roth (SPIEGEL – Interview 35/2007). Das limbische System der Neugeborenen, so Roth, wird durch die Bildungserfahrung mit Mutter oder Vater konditioniert, am stärksten in den ersten Wochen und Monaten.

Wer Einstellungsinterviews führt, sollte eine gute Wahrnehmung haben, genau hinhören, **was** jemand sagt und **wie** er es sagt: auf Mimik und Stimme achten und die Gefühle wahrnehmen, die damit ausgedrückt werden. Die neuesten Erkenntnisse der Hirn- und Emotionsforschung sind nützliche Informationen und können bei der praktischen Arbeit der Personalauswahl eine Hilfe sein (► Abschn. 3.6).

3.3 Schlüsselqualifikation: Soziale Kompetenz

Der Begriff »soziale Kompetenz« ist vieldeutig. Verwandte Begriffe sind auch soziale Intelligenz, emotionale Intelligenz, soziale Fähigkeiten. Bei der Personalauswahl spricht man einerseits von Fachkompetenz, was neben den fachlichen Kenntnissen und Fähigkeiten auch die Methodenkompetenz einschließt, andererseits von sozialer Kompetenz, von Softskills, was auch Persönlichkeitsmerkmale einschließen kann.

Die Kriterien sind: Wertschätzung, Achtung, Einfühlungsvermögen, Konflikt- und Kommunikationsfähigkeit, Kooperationsfähigkeit, Kontaktfähigkeit, Veränderungsbereitschaft, Hilfsbereitschaft, Glaubwürdigkeit, Verlässlichkeit, Offenheit für neue Erfahrungen und Führungseigenschaften, wie zum Beispiel Verantwortungsbereitschaft, Durchsetzungsvermögen, Begeisterungsfähigkeit und die Fähigkeit, Beziehungen herzustellen und Vertrauen zu gewinnen.

3.3.1 Anforderungskriterium Empathie

Empathie ist die Fähigkeit, sich in andere hineinzuversetzen, sich emotional auf andere einzustellen. Grundlage ist die Selbstwahrnehmung. Je offener wir für unsere eigenen Gefühle sind, desto besser können wir die Gefühle der anderen wahrnehmen und deuten.

Empathie ist ein zentrales Anforderungskriterium bei Fach- und Führungskräften in Gesundheits- und Pflegeberufen. Wer als Führungskraft Einstellungs-, Konflikt- oder Beurteilungsgespräche zu führen hat, muss die Fähigkeit besitzen, Gefühle der Mitarbeiter wahrzunehmen und darauf zu reagieren. Aber auch Bewerber als Gesundheits- und Kranken- sowie Altenpfleger brauchen viel Einfühlungsvermögen. Doch wie finden Sie diese Kompetenz bei der Bewerberauswahl heraus. Fragen alleine helfen wenig, schon eher Aufgaben und Rollenspiele (► Abschn. 4.6).

Carl Rogers, der Begründer der Gesprächspsychotherapie, hat im Laufe seiner Arbeit entdeckt, dass eine bestimmte Grundhaltung (Empathie, Wertschätzung, Echt-Sein) für jede zwischenmenschliche Beziehung und Kommunikation förderlich ist. In Deutschland hat der Erziehungswissenschaftler Reinhard Tausch und sein Schüler und Kommunikationswissenschaftler Schulz von Thun diese Haltung, die aus der Bewegung der Humanistischen Psychologie stammt, populär gemacht. Carl Rogers (2008) nennt Empathie »einfühlendes Verstehen«. Was genau ist darunter zu verstehen?

Empathie

Ich bemühe mich, die innere Welt des anderen zu verstehen. Ich bin ihm nahe bei dem, was er denkt, ohne seine Sichtweise zu meiner eigenen zu machen, ohne mich mit ihm zu identifizieren. Ich teile meinem Gesprächspartner mit, was ich von seiner inneren Welt verstanden habe (Verbalisierung von Gefühlen). Dabei kommt es nicht nur darauf an, was gesagt wird, sondern auch auf die Signale des Körpers, auf Mimik und Gestik. Ich leihe dem anderen mein Ohr und höre ihm aufmerksam zu.

Diese Grundhaltung wird heute in der Weiterbildung von Fach- und Führungskräften in der Pflege vermittelt und ist für die praktische Arbeit recht nützlich, wie zum Beispiel bei Gesprächen mit Patienten und ihren Angehörigen.

3.3.2 Anforderungskriterium Konfliktfähigkeit – Umgang mit Fehlern

Konfliktfähigkeit gehört bei Führungskräften zur Schlüsselqualifikation. Dazu gehört auch der Umgang mit Fehlern. Als Interviewer müssen Sie durch Fragen bzw. ein Rollenspiel herausfinden, wie der Bewerber als Führungskraft Konflikte löst. Führungskräfte erwarten von ihren Mitarbeitern, dass sie erfolgreich arbeiten. Doch auch tüchtige Mitarbeiter machen Fehler, haben Misserfolge wie wir aus Erfahrung wissen.

▪ Was Interviewer über Fehler und das Scheitern wissen sollten

Die Angst vor dem Scheitern

Menschen haben Angst davor, Fehler zu machen. Das Konkurrenzsystem Schule sorgt bei vielen für den ersten großen Misserfolg. Schlechte Noten und Sitzenbleiben sind für Schüler oft der Schock ihres Lebens. Das Scheitern lernten sie nicht, meint Martin Walser (SPIEGEL 22/02), obwohl sie beim Verlieren wichtigere Erfahrungen machen könnten als beim Gewinnen.

Was zählt, ist der berufliche Erfolg. In der Wissensgesellschaft von heute, schreibt der amerikanische Autor und Unternehmensberater Peter Drucker (Die Sprache des Managements, 1998), werde von jedem erwartet, dass er Erfolg hat.

Die meisten »erfolgreichen« Menschen haben wahrscheinlich mehr Fehlschläge hinter sich als andere, weil sie mehr ausprobiert haben.

Existenzgründer, die mit ihrer Geschäftsidee scheitern, gelten hierzulande – im Gegensatz zum Mutterland des Kapitalismus USA – als Versager. Die Mutigen unter ihnen sehen das Scheitern als Chance für einen Neuanfang. »Errare humanum est«: Irren ist menschlich. Bei Cicero heißt es: »Jeder Mensch kann irren, nur der Tor wird im Irrtum verharren.«

Was tun viele Menschen ein Leben lang gegen diese Angst? Sie versuchen, fehlerlos, korrekt und perfekt zu sein, alle Fehlerquellen zu eliminieren und die Arbeit so zu organisieren und Kontrollen einzubauen, dass Fehler vermieden werden. Doch Fehler ist nicht gleich Fehler. Bei einem Kassierer oder Buchhalter muss die Abrechnung auf den Cent genau stimmen. Einem Arzt darf kein Kunstfehler unterlaufen, eine Krankenpflegerin darf kein falsches Medikament verabreichen und bei einem Bergsteiger kann ein falscher Griff tödlich sein.

▪ Fehler sind nützlich

Wer Ideen hat und Konzepte entwickelt, in Teams oder Projektgruppen arbeitet, darf auch Fehler machen. Mehr noch: Fehler sind notwendig, um ein Problem zu lösen, zu neuen Erkenntnissen durch Versuch und Irrtum zu kommen und um Neues auszuprobieren.

Wie steht es mit der Angst, Fehler zu machen, sich zu blamieren, erfolglos zu sein? Es gibt kein Leben ohne Angst. Wir haben Angst vor einer Trennung, wir haben Angst, wenn wir einer Situation nicht gewachsen sind, wenn wir uns ohnmächtig fühlen und hilflos vorkommen. Angst ist bei Gefahr eine Warnung und bedeutet gleichzeitig, dass wir etwas tun müssen, um unsere Angst zu überwinden. Angst ist Bedrohung und Chance zugleich.

Manche versuchen, der Angst aus dem Wege zu gehen, sie zu vermeiden, wenn es irgendwie geht. Ist das eine Lösung? Nein, das verstärkt eher die Angst. Wir müssen die Angst annehmen. Angst hat nicht nur etwas Bedrohliches und Quälendes. Angst fordert uns heraus, macht uns mutig, lässt uns die Erfahrung machen, Hindernisse zu überwinden

Albert Ellis, der Begründer der rational-emotiven Verhaltenstherapie, meint, dass viele Menschen mit drei Forderungen im Kopf durchs Leben gehen:

1. »Ich muss meine Sache unbedingt gut machen!« Menschen setzen sich oft unter zu starken Erwartungsdruck: Um den eigenen Idealen gerecht zu werden, muss man Erfolg haben, tüchtig sein und alles erreichen, wozu man fähig ist. Wenn nicht, ist man ein elender Versager.
2. »Meine Mitmenschen müssen mich gut, respektvoll, gerecht und anständig behandeln.« Wenn das nicht eintritt, geraten viele in große Wut. Aus einer solchen Haltung entsteht Feindseligkeit und Hass.
3. »Mühsal und Schwierigkeiten müssen mir erspart bleiben.« Man möchte von den anderen, den Umständen oder dem Leben weder enttäuscht werden, noch Unannehmlichkeiten bereitet bekommen. Die Fähigkeit, Versagungen zu verschmerzen, ist gering. Rückschläge werden als Katastrophe betrachtet.

Es komme darauf an, so Ellis, diese Haltung aufzugeben und sich eine realistische Sicht der Dinge anzueignen, Vertrauen schaffen, offen über Fehler reden.

▪ Wir brauchen eine Fehlerkultur!

Das liest man häufig in der Management-Literatur. Wir müssen mit Fehlern anders umgehen, das stimmt. Aber eine »Kultur« brauchen wir deshalb nicht. Wir wollen Fehler weder pflegen noch kultivieren. Führungskräfte müssen vielmehr dafür sorgen, dass eine Arbeitsatmosphäre herrscht, in der die Mitarbeiter Lust haben zum Mitdenken und Mitmachen, wo neue Ideen willkommen sind und nicht jedes Wort auf die Goldwaage gelegt wird und bei Fehlern nicht gleich ein Donnerwetter losbricht.

Wenn man sich gegenseitig vertraut, lassen sich auch ein paar Spielregeln für den Umgang mit Fehlern aufstellen:

- Fehler gelten als Lernerfahrung und sind Anhaltspunkte für unsere Weiterentwicklung.
- Es wird offen über Fehler geredet. Auch Chefs gestehen ihre Fehler ein.
- Wer Fehler macht, hat auch die Verantwortung dafür.
- Aus Fehlern lernen und Konsequenzen ziehen, um Wiederholungen zu vermeiden.

Wenn Chefs von ihren Mitarbeitern erwarten, dass sie selbstständig und eigenverantwortlich ihre Aufgaben erledigen, müssen sie ihnen auch Fehler zugestehen. Nach außen müssen die Mitarbeiter auf die Loyalität und Unterstützung des Chefs vertrauen können.

■ Scheitern als sinnvoll betrachten

Schon die Stoiker im alten Griechenland haben das Scheitern als sinnvoll akzeptiert. In den Unternehmen vollzieht sich langsam ein Wandel im Umgang mit Fehlern, auch in Krankenhäusern und Pflegeheimen.

Perfektion bedeutet Stillstand und vollkommene Sicherheit das Aus für jedes Unternehmen. Die Angst, ein Risiko einzugehen, etwas Neues vorzuschlagen, Fehler zu machen und zu scheitern, sitzt tief. Führungskräfte müssen Impulse geben für Veränderungen und dabei die Ängste der Mitarbeiter abbauen, Vertrauen aufbauen, Fehler eingestehen und offen darüber sprechen.

3.4 Gefühle – Erkenntnisse der Hirn- und Intuitionsforschung nutzen

Gefühle spielen bei der Bewerberauswahl in zweierlei Hinsicht eine besondere Rolle:

1. Der Bewerber gibt uns verbale Informationen, indem wir mit Fragen Emotionen auslösen (»Was war Ihr größter Misserfolg?«).
2. Oder wir erhalten vom Bewerber nonverbal durch Beobachtung der Körpersprache, insbesondere der Mimik und der Stimme Informationen.

Die neueren Erkenntnisse der Hirn- und Intuitionsforschung können auch für die Bewerberauswahl nützlich sein. Dazu ein kurzer Exkurs.

3.4.1 Gefühle entstehen im Gehirn

Unser bewusstes Ich hat nur begrenzte Einsicht in die eigentlichen Antriebe unseres Verhaltens. Die unbewussten Vorgänge in unserem Gehirn wirken stärker auf die bewussten Vorgänge ein als umgekehrt, meint der Bremer Hirnforscher Gerhard Roth. Genetisch oder bereits vorgeburtlich bedingte Charakterzüge machen knapp die Hälfte unserer Persönlichkeit aus. Hinzu kommen Merkmale, die nach der Geburt und in den ersten drei bis fünf Jahren festgelegt werden. Besonders wichtig erscheint dabei die Interaktion mit den Bezugspersonen. Entsprechend können frühtraumatische Erlebnisse, wie die Trennung von der Mutter, Vernachlässigung oder Missbrauch, bleibende psychische Schäden hinterlassen. Zu bedenken dabei ist: Das menschliche Gehirn verfügt über eine erhebliche Toleranz, was Bindung und Betreuung angeht. Negative Erfahrungen haben jedoch nicht bei allen Menschen längerfristige Folgen. In der Jugend und im Erwachsenenalter ist der Mensch in seinen Persönlichkeitsmerkmalen nur noch wenig veränderbar.

3.4.2 Spiegelneurone

Spiegelneurone (= Nervenzellen) ermöglichen es Menschen, sich in andere hineinzuversetzen. Wir überwinden die Barriere zwischen uns und unserem Gegenüber. Erst dadurch, dass wir die Gefühle anderer, wie Ekel, Schmerz oder Freude, miterleben, können wir sie unmittelbar verstehen. Demnach ist Empathie kein abstraktes kognitives Konstrukt, sondern fest in unserem Gehirn verankert. Die Fähigkeit zur Imitation, zur Spiegelung unserer Außenwelt, war vermutlich wesentlich für die Entwicklung der menschlichen Kultur.

Mittels bildgebender Verfahren, wie der Kernspintomographie, finden die Wissenschaftler heraus, dass nicht nur die Bewegungen anderer Personen unser Hirn in Resonanz versetzen, sondern auch deren Emotionen. Die Forscher zeigen den Testpersonen Videoaufnahmen von Menschen, die an einer stinkenden Substanz riechen. Obwohl die Testpersonen keinerlei Geruch ausgesetzt sind, aktivierte allein der Anblick des Films das Ekelzentrum im Gehirn – so als hätten sie die Situation persönlich erlebt. Bei Schmerz ist das nicht anders: In gewisser Weise empfinden Menschen also ungewollt den Schmerz anderer Menschen mit. Der Begriff »Mitleid« wird durch die Hirnforschung im Wortsinn bestätigt.

3.4.3 Bedeutung der Gefühle beim Interview

Was können wir aus den Erkenntnissen der Wissenschaftler in Bezug auf das Verhalten von Interviewer und Bewerber schließen? Wer als Interviewer bei der Begrüßung des Bewerbers freundlich lächelt, feuert auch Neuronen. Ein Bewerber wird auch lächeln und damit freundlich eingestimmt sein. Wenn Sie dem Bewerber auch noch etwas zu trinken anbieten, verstärken Sie das Gefühl, dass Sie den Bewerber achten und wichtig nehmen.

Bei Experimenten haben Wissenschaftler herausgefunden, dass sich beim unmittelbaren Kontakt zweier Menschen das Verhalten und die Gebärden angleichen. Schlägt der Interviewer die Beine übereinander, wird der Bewerber das mit hoher Wahrscheinlichkeit auch tun. Verschränkt der Interviewer bereits beim Beginn des Interviews die Arme, wird der Bewerber diese Geste wahrscheinlich auch durchführen.

Ein solches Signal wäre für den Verlauf des Interviews nicht förderlich. Arme verschränken bedeutet immer Zurückhaltung oder gar Abgrenzung. Der Bewerber wird sehr bald auch diese Haltung einnehmen und seine Arme verschränken. Keine gute Voraussetzung für ein offenes Gesprächsklima, bei dem Bewerber aus sich herausgehen und Gefühle zeigen sollten.

Wenn Sie als Interviewer mit Gesten und Mimik Gefühle zeigen, wird der Bewerber das auch tun und sich öffnen. Sie erhalten auf diese Weise Informationen, die für Ihre Einstellungsentscheidung ausschlaggebend sein könnte.

Wenn Sie nach dem Interview die Entscheidung treffen müssen, ob Sie den Bewerber für geeignet halten, spielen nicht nur rationale Gründe eine Rolle.

Der amerikanische Neurologe Antonio Damasio (2004) und der Bremer Hirnforscher Gerhard Roth (2003) sind der Überzeugung, dass Gefühle den Verstand eher beherrschen als der Verstand die Gefühle. Und das sei gut so, denn Emotionen seien nichts anderes als konzentrierte Lebenserfahrung.

3.5 Intuition

Entscheidungen müssen rational sein. Davon sind auch heute viele Kinder der Aufklärung überzeugt, allen voran Wissenschaftler. Sie glauben an die mathematische Logik. Der Psychologe Gerd Gigerenzer hat zehn Jahre lang beim Max-

Planck-Institut über Intuition geforscht und ein paar Faustregeln herausgefunden. In einem Interview mit der Süddeutschen Zeitung (25.8.07) sagt er:

» Man weiß, was zu tun ist, ohne die Gründe dafür zu kennen. Ihnen liegen aber nicht nur Erfahrung, sondern auch einfache Faustregeln zugrunde, etwa: Wähle, was du kennst, imitiere den Erfolgreichen, vertraue einem einzigen Grund und ignoriere alle anderen. «

Dass Logik ein nützliches Werkzeug ist, bestreitet Gigerenzer nicht (2008). Aber es sei eben nur eines unter vielen nützlichen Werkzeugen. Einen Gegensatz zwischen Vernunft und Bauchentscheidung gebe es nicht, »Logik und Intuition sind zwei Werkzeuge aus der gleichen Kiste.« Und wenn es um Liebe gehe, handeln alle Menschen intuitiv.

- **Kommen wir mit unseren Bauchgefühlen zu besseren Entscheidungen?**

Die Vorstellung, mithilfe des Bauchgefühls zu besseren Entscheidungen zu kommen, erscheint auf den ersten Blick naiv. Die Wirtschaftswissenschaften haben den Homo oeconomicus erfunden und die Unternehmen arbeiten nach dem ökonomischen Prinzip, mit geringstem Aufwand den größtmöglichen Nutzen erzielen.

Wie andere Ansätze der Sozialwissenschaften versucht die Wissenschaft von der Intuition, menschliches Verhalten zu erklären und vorherzusagen. Gigerenzer räumt ein, dass seine wissenschaftlichen Erkenntnisse über die Intuition in der Welt der Wissenschaft umstritten sind. Was er in seinem Buch »Bauchentscheidungen« (2008) vorlegt, bezeichnet er als »Werkzeugkasten mit Werkzeugen für ein ganzes Spektrum von menschlichen Problemen.«

3.5.1 »Faustregeln« – Heuristik

Nach Gigerenzer sind Faustregeln für die Entstehung von Bauchgefühlen verantwortlich. Beispielsweise teilt uns die Gedankenlesenheuristik mit, was andere wünschen, die Rekognitionsheuristik löst ein Gefühl aus, das uns verrät, welchem Produkt wir trauen können, und die Blickheuristik erzeugt eine Intuition, die uns sagt, wohin wir laufen sollen.

Bauchgefühle mögen ziemlich simpel erscheinen, doch ihre tiefere Intelligenz äußert sich in der Auswahl der richtigen Faustregel für die richtige Situation. Bauchgefühle machen sich die evolvierten (= entwickelten) Fähigkeiten des Gehirns zunutze und beruhen auf Faustregeln, die es uns ermöglichen, rasch und mit verblüffender Genauigkeit zu handeln. Ihre Qualität gewinnt die Intuition aus der Intelligenz des Unbewussten: der Fähigkeit, ohne Nachdenken zu erkennen, auf welche Regel wir uns in welcher Situation verlassen haben.

Bauchentscheidungen können Denk- und Computerstrategien in den Schatten stellen. Andererseits besteht auch die Möglichkeit, dass sie uns fehlleiten. An der Intuition führt kein Weg vorbei; ohne sie brächten wir wenig zustande.

Faustregeln (der wissenschaftliche Ausdruck heißt »Heuristik«) liefern uns die Antwort. Sie sind gewöhnlich unbewusst, können aber auf die Bewusstseinsebene gehoben werden. Wichtig vor allem: Faustregeln sind im evolvierten Gehirn und in der Umwelt verankert. Durch Nutzung sowohl der evolvierten Fähigkeiten in unserem Gehirn als auch der Umweltstrukturen können Faustregeln und ihr Produkt – die Bauchgefühle – äußerst erfolgreich sein.

In einer ungewissen Welt können einfache Faustregeln komplexe Phänomene ebenso gut oder besser vorhersagen als komplexe Regeln. Eine Faustregel unterscheidet sich grundlegend von der Bilanzmethode mit Pro und Kontra. Sie greift wichtige Informationen heraus und lässt den Rest außer Acht.

Für das Fangen eines Balls haben wir die Blickheuristik identifiziert, die alle für die Berechnung der Wurfbahn erforderlichen Informationen beiseite lässt: Entfernung, Geschwindigkeit, Winkel der Flugbahn, Luftwiderstand, Wind. Sie folgt vielmehr dieser Reihenfolge, die das Ergebnis von Forschungsarbeiten des Max-Plank-Instituts für Bildungsforschung ist:

1. Fixiere den Ball,
2. beginne zu laufen und
3. passe deine Laufgeschwindigkeit so an, dass der Blickwinkel konstant bleibt.

3.5.2 Wann können wir dem Bauch vertrauen?

Kontra-Standpunkt:
Intuition ist untauglich, weil sie Informationen missachtet, gegen die Gesetze der Logik verstößt und die Ursache menschlicher Katastrophen ist.

Unser Bildungssystem misst zu Recht der Kunst der Intuition so gut wie keine Bedeutung zu.

Pro-Standpunkt:
Menschen vertrauen ihrer Intuition im Alltag und preisen die Wunder rascher Einsicht. Gigerenzer ist der Auffassung, dass Intuition nicht nur ein Impuls oder eine Laune ist, sondern ihre eigene Gesetzmäßigkeit hat.

Im Gegensatz zur rationalen Urteilsfindung, wo man alle relevanten Informationen sammelt und abwägt, reicht ein einziger Grund. Ein einziger Grund ist schon eine praktikable Strategie. Wir sollten auf unsere Intuition vertrauen, wenn wir über Dinge nachdenken, die schwer vorauszusagen sind, zum Beispiel die Leistung des Mitarbeiters bei der Einstellung oder wenn wir wenige Informationen haben.

Wir sollten einer einfachen Regel folgen, die sich auf den **besten Grund** beschränkt und den Rest vernachlässigen, vor allem dann, wenn nicht genügend brauchbare Informationen zur Verfügung stehen.

3.5.3 Vernunft und Bauchentscheidung

»Es gibt keinen Gegensatz zwischen Vernunft und Bauchentscheidung, sondern sie ergänzen sich. Logik und Intuition sind zwei Werkzeuge aus der gleichen Kiste.«, meint Gigerenzer. Von Blaise Pascal stammt der Satz: »Das Herz hat seine Gründe, die der Verstand nicht kennt.« (1956). Gigerenzer aber will gerade die Gründe des Herzens mit dem Verstand erkunden.

Der Hirnforscher Gerhard Roth vertritt die Meinung: »Auf die Vernunft sollte man nicht immer hören – auf die Intuition unbedingt. Sie ist die gebündelte Information unseres Erfahrungsgedächtnisses.« (Süddeutsche Zeitung Magazin15/2011)

3.5.4 Einstellungsentscheidung: Kopf oder Bauch?

Ist Intuition, das Bauchgefühl, ein guter Ratgeber bei der Entscheidung, wer eingestellt wird? Sind wir nicht vielmehr Opfer unserer Vorurteile, der Wunschvorstellungen, der Werte und dem Glauben an das Gute im Menschen? Nicht jede Bauchentscheidung muss richtig sein, das wissen wir intuitiv und aus Erfahrung. Verstand und Logik sind nicht unfehlbar, aber Gefühl und Intuition auch nicht.

Viele Praktiker, die Personal einstellen, wissen, dass man ein Gespür dafür haben muss, wer der richtige Bewerber ist. Die Entscheidung, wer eingestellt wird, kann schon deswegen keine rationale sein, weil es sich um eine Prognose handelt und es deshalb keine Gewissheit gibt. Die Wahrscheinlichkeit erhöht sich, wenn wir es mit einem Bewerber zu tun haben, der bereits in ähnlicher Funktion erfolgreich gearbeitet hat. Aber sicher können wir nicht sein, weil es zu viele unbekannte Faktoren gibt. Tests helfen wenig. Wer eine hohe Intelligenz besitzt, kann von seiner Begabung und Neigung her Manager, Bischof oder Hochschullehrer werden.

Sollen wir uns bei der Personalauswahl ganz von der Ratio verabschieden und der Logik ade sagen? Nein. Wir sollten das Auswahlverfahren optimieren, aber nicht die Entscheidung. Das Einstellungsinterview sollte gut vorbereitet werden und strukturiert sein. Die Fragen und Aufgaben, die gestellt werden, sollten von den Anforderungskriterien abgeleitet sein. Die letzte Instanz bei der Einstellungsentscheidung sollte allerdings die Intuition sein.

Gehen Sie vor wie bei der Partnerwahl: Keine Kompromisse. Alle an der Auswahl Beteiligten müssen ohne Vorbehalt für die Einstellung votieren. Wenn es Bedenken gibt, die nicht ausgeräumt werden können (evtl. durch ein zweites Gespräch), wird der Bewerber nicht eingestellt. Selbst wenn alle Fakten und Argumente für den Bewerber sprechen und Ihnen Ihr Bauchgefühl »Nein« sagt, sollten Sie möglichst der Intuition folgen, auch wenn Sie das Gefühl nicht begründen können.

3.6 Körpersprache: Mimik und Stimme

Bei den meisten Interviews achtet man auf den Händedruck und vielleicht noch auf den Gang. Doch die wichtigsten Informationen, die in die Beurteilung der Eignung einfließen, kommen von der Mimik und der Stimme.

3.6.1 Mimik

Der amerikanische Psychologe und Wissenschaftler Paul Ekman (Ich weiß, dass du lügst, 2011) beschäftigt sich seit mehr als dreißig Jahren mit der Mimik, die er für universell hält. Gesten dagegen seien kulturabhängig. Er hat jeden Gesichtsausdruck katalogisiert. Er unterscheidet Basis-Emotionen, die bei allen Menschen auf der Welt gleichermaßen vorkommen: Glück, Ärger, Verachtung, Zufriedenheit, Ekel, Verlegenheit, Aufgeregtheit, Furcht, Schuldgefühl, Stolz auf Erreichtes, Erleichterung, Kummer, Sinneslust, Scham, Trauer, Eifersucht, Liebe.

3.6.2 Lügen

Schon Kinder wissen aus eigener Erfahrung was eine Lüge ist. Die Hauptformen der Lügen sind »Verheimlichen« (Weglassen von Informationen) und »Verfälschung« (die Präsentation falscher Informationen). Abstrakt ausgedrückt: Die Unwahrheit sagen (Paul Ekman 2007). Täuschungshinweise nach Ekman sind:

- Veränderung des Gesichtsausdrucks
- Körperbewegung
- Modulation des Tonfalls
- Schluckreflex im Hals
- Tiefe und flache Atmung
- Versprecher

Manche Menschen können überzeugend lügen. Ihre Worte und ihr Verhalten deuten nicht auf eine Lüge hin. Gute Schwindler vermitteln den Eindruck, aufrichtig zu sein, selbst wenn es zu ihrem Nachteil ist. Gegen solche Gewissheit gibt es keinen Schutz. Fehler beim Lügen resultieren auch aus der Schwierigkeit, ein Gefühl zu verbergen oder zu heucheln. Sobald Emotionen im Spiel sind, tauchen automatisch Veränderungen auf – wahllos und willkürlich, manchmal im Bruchteil einer Sekunde.

Das Gesicht gibt Täuschungshinweise, Botschaften:

a. was der Lügner zeigen will,
b. was er verheimlichen will.

Sie sind vorsätzlich und willkürlich. Die unwillkürlichen emotionalen Ausdrucksformen sind ein Produkt der Evolution. Viele menschliche Gesichtsausdrücke ähneln denen von Primaten.

3.6.3 Was das Gesicht zeigen kann

Das Gesicht kann Überheblichkeit, Verzagtheit, Unsicherheit, Wut, Angst, Traurigkeit, Ekel, Verzweiflung, Glück, Zufriedenheit, Aufregung, Überraschung, Verachtung (Mundwinkel), Skepsis, Ärger, Freude, Enttäuschung, Gleichgültigkeit oder Langeweile zeigen.

Menschen lächeln beim Lügen genauso viel wie beim Erzählen der Wahrheit. Doch das Lächeln unterscheidet sich. Ekman kann fünfzig verschiedene Arten des Lächelns unterscheiden (Ekman 2007). Es gibt Tausende von Gesichtsausdrücken. Viele haben nichts mit Emotionen zu tun, einige sind »Konversationssignale« oder Ausrufezeichen als Gesichtsausdruck: Augenbrauen hochziehen, auf die Lippen beißen oder Wangen aufblähen.

Jede Emotion sendet ihre eigenen Signale. Am stärksten bemerkbar machen sich diese über unsere Stimme und unsere Gesichtszüge (Ekman 2007). Eine Bewerberin mit einer Kleinmädchen-Stimme, die sich um eine Führungsposition bewirbt, wird kaum eine Chance haben. Sie signalisiert mit ihrer Stimme: Du brauchst keine Angst vor mir zu haben. Sie vermittelt dem Gegenüber, dass er sich überlegen fühlen darf. Ein Bewerber, der dauernd leise und monoton spricht, wirkt ermüdend. Die Stimme sollte der Situation angemessen sein und einen ständigen Wechsel von Lautstärke, Dehnung, Stimmhöhe und Sprechgeschwindigkeit beinhalten.

Forscher der Harvard University haben bei Versuchspersonen festgestellt, dass dem Tonfall eine Schlüsselfunktion zukommt. Mag es einem Bewerber noch gelingen, seinen Zorn auf seinen Chef mit einem Lächeln zu verbergen, wird er es kaum schaffen, seinen Zorn in seiner Stimme zu unterdrücken.

Aus einem Interview mit Paul Ekman (Süddeutsche Zeitung 24.1.2009):
Frage: Warum ist es für Sie so einfach, im Gesicht eines anderen zu lesen?
Ekman: Es sind nur 43 Muskeln, mit denen wir mehr als 10.000 Gesichtsausdrücke erzeugen können, und ich habe alle gesehen (…). An Tagen, an denen wir stundenlang wütende oder depressive Ausdrücke übten, mussten wir uns eingestehen, dass es uns miserabel ging. Wenn wir auf unseren Gesichtern Glück und Zufriedenheit simulierten, waren wir anschließend tatsächlich bester Laune (…). Schauspieler kennen das. Ein Theaterpädagoge hat immer gesagt: »Mach' die Geste, das Gefühl folgt nach«.

Aus den Bewegungen der Gesichtsmuskeln konstruiert das Gehirn eine Empfindung. Wenn sich die Augenwinkel und der Mund zu einem echten Lächeln verziehen, steigt die Stimmung. In Experimenten stellte sich nun heraus, dass Menschen, die unbewusst den Ausdruck eines anderen Gesichts stärker übernehmen, zugleich mitfühlender sind. Eine Erkenntnis, die beim Interview von Pflegekräften eine Rolle spielt.

Der »Musculus risorius« heißt nicht umsonst so (Lächelmuskel). Wir können ihn willkürlich steuern. Beim Muskulus orbicularis (Augenmuskel) gelingt es deshalb nicht, weil dieser sich unwillkürlich bewegt.

Chamäleon-Effekt, nennt es der Sozialpsychologe John Bargh. Immer wenn Menschen im Austausch mit anderen sind, tendieren sie dazu, die Manierismen des Gegenübers zu übernehmen. Eine Ursache dafür mag sein, dass es die Kommunikation zwischen ihnen vereinfacht (Ekman 2011).

3.6.4 Gesichtsausdruck bei Bewerbern

Verlegenheit, Freude, Hoffnung, Unsicherheit, Angst, Selbstsicherheit, Aufgeregtsein, Schüchternheit, Begeisterung. Das sind Gefühle, die auch bei Bewerbern vorkommen.

3.6.5 Die Stimme

Hat der Bewerber eine angenehme, sympathische Stimme? Oder klingt seine Stimme arrogant und abweisend? Ist seine Stimme warm und sanft oder eher kühl und schnarrend?

Die Stimme verrät unsere Gefühle. Sie zeigt dem Gesprächspartner, wie man sich fühlt. Menschen mit tiefer Stimme werden als reifer, kompetenter und sympathischer eingestuft als Menschen mit hoher Stimme. Eine kräftige, aber nicht zu laute Stimme wird mit Vitalität und Extrovertiertheit in Verbindung gebracht; eine hohe und leise Stimme dagegen mit Schüchternheit und mangelnder Durchsetzungsfähigkeit.

3.6.6 Lächeln

Bewerber wollen einen guten Eindruck machen. Das fängt bei der Begrüßung an. Ein Lächeln signalisiert eine freundliche, optimistische Grundhaltung. Entwicklungsgeschichtlich lässt sich sagen, dass Primaten ihren Artgenossen mit dem Entblößen der Zähne zeigen wollen, dass sie ihnen freundlich gesinnt sind. Wer lächelt, gewinnt.

Lächeln gilt als Beziehungsangebot. In unserer Kultur gilt es als unhöflich, nicht zurückzulächeln. Lächeln gilt als Ausdruck von Freude, Zufriedenheit, körperliches Wohlbefinden und manchmal auch von Humor. Wer annimmt, dass alle Bewerber bei der Begrüßung lächeln, täuscht sich. Gute Verkäufer dagegen wissen um das Lächeln. Es ist eine besonders wirkungsvolle Strategie. Empirische Untersuchungen haben gezeigt, dass lächelnde Menschen freundlicher und attraktiver wahrgenommen werden.

Woran erkennt man ein falsches Lächeln? Die Augen müssen mitlachen, nicht nur der Mund. Die Mundpartie wird einem relativ leicht fallen (Lächelmuskel). Den kann man willkürlich steuern. Doch gelingt es eben nicht beim Augenringmuskel, da dieser sich unwillkürlich bewegt.

3.6.7 Körperempfindungen

Charakteristisch für Gefühle ist auch, dass sie mit deutlichen körperlichen Empfindungen einhergehen und dass sie unser Verhalten beeinflussen. Das Herz hüpft vor Freude, der Angstschweiß steht uns auf der Stirn, unsere Knie schlottern, wir lassen traurig die Schultern hängen, sind kreidebleich vor Schreck, hochrot vor Zorn, bekommen Stielaugen und werden grün (oder gelb) vor Neid. (Antonio Damasio 2004) Bezogen auf ein Bewerber-Interview kann es bedeuten: Flaues Gefühl im Magen, nervös am Kopf kratzen oder sich an die Nase fassen.

Tipp

Wir konzentrieren uns beim Interview auf den Gesichtsausdruck und die Stimme des Bewerbers als Hilfsmittel für die Bewertung des verbalen Verhaltens und des Gesamteindrucks. Stimmt Emotion und Gesichtsausdruck/ Stimme überein?

Einer der Interviewer konzentriert sich auf die Mimik und Stimme des Bewerbers und hält seine Beobachtungen schriftlich fest. Als Hilfsmittel soll der Beobachtungsbogen dienen (◘ Abb. 3.1).

3.6.8 Beobachtungsbogen Mimik und Stimme

Beobachtungsbogen Körpersprache: Mimik, Stimme

Position .... **Name** ....

Informationen für den Beobachter

Mimik und Emotionen

Positive Emotionen: Empathie, Begeisterung, Freude, Selbstsicherheit, Stolz auf das Erreichte, Optimismus

Sonstige und negative Emotionen: Schüchternheit, Nervosität, Angst, Geringschätzung/Überheblichkeit, Verlegenheit, Ärger, Unsicherheit, Zorn

Stimme: Angenehm, tief, schnarrend, arrogant, laut, leise, kräftig, schrill, schnell, langsam, warm, Kleinmädchenstimme

Beobachtungen, Eindrücke

Gesichtsausdruck (Mimik)

....

....

....

Stimme

....

....

....

Datum / Unterschrift

Abb. 3.1 Beobachtungsbogen Körpersprache: Mimik, Stimme

Zusammenfassung

Dieses Kapitel behandelt als Schwerpunkt die »soziale Kompetenz«, eine Schlüsselqualifikation sowohl für Fachkräfte als auch für Führungskräfte in Pflegeberufen. Die unerlässlichen Anforderungskriterien neben der fachlichen Qualifikation sind Empathie, Respekt und kommunikative Fähigkeiten (Zuhören, Kontakt herstellen). Es werden die aktuellen Erkenntnisse der Hirn- und Emotionsforschung vorgestellt und der Nutzen für die Bewerberauswahl. Außerdem werden die Mimik und Stimme des Bewerbers beim Interview und ihre Gewichtung bei der Beurteilung der Eignung des Bewerbers erläutert.

Bei der Entscheidung, wer eingestellt wird, spielen Gefühle eine wichtige Rolle, da die Einstellungsentscheidung immer eine Prognose ist. Es gibt keine Gewissheit. Die Frage lautet demnach: Wem traue ich zu, dass er die Erwartungen des Unternehmens erfüllt?

Literatur

Apelojg, B (2010) Emotionen in der Personalauswahl. Hampp-Verlag Mering

Bauer, J (2006) Warum ich fühle, was du fühlst – Intuitive Kommunikation und das Geheimnis der Spiegelneurone. Heyne Verlag München

Cohn, R (2009) Von der Psychoanalyse zur themenzentrierten Interaktion. Klett-Cotta Stuttgart

Damasio, A (2004) Decartes Irrtum – Fühlen, Denken und das menschliche Gehirn. List München

Ekman, P. (2007) Gefühle lesen. Elsevier München

Ekman, P. (2011) Ich weiß, dass du lügst Rowohlt Reinbek

Frankl, V (2005) Der Mensch vor der Frage nach dem Sinn. Piper München

Gigerenzer, G (2008) Bauchentscheidungen – Die Intelligenz des Unbewussten und die Macht der Intuition. Goldmann München

Gladwell, M (2007) Blink – Die Macht des Moments. Piper München

Goleman, D (1996) Emotionale Intelligenz. Hanser München

Holodynski, M (2005): Emotionen – Entwicklung und Regulation. Springer Berlin

Hossiep, R & Mühlhaus, O (2005) Personalauswahl und -entwicklung mit Persönlichkeitstests. Hogrefe Göttingen

Langmaack, B (2004) Soziale Kompetenz. Beltz Landsberg

Lang-von Wins, T, & Triebel, C, Buchner U, Sandor, A (2008) Potenzialbeurteilung. Springer Berlin

Maslow, A (1988) Motivation und Persönlichkeit. Walter Verlag Düsseldorf

Pascal, B (1956) Gedanken. Reclam Stuttgart

Rizzolatti, G, Sinigaglia, C (2008) Empathie und Spiegelneurone. Suhrkamp Frankfurt

Rogers, C (2008) Entwicklung der Persönlichkeit. Fischer Frankfurt

Roth, G (2003) Fühlen, Denken, Handeln. Suhrkamp Frankfurt

Roth, G (2011) Bildung braucht Persönlichkeit – Wie Lernen gelingt. Klett-Cotta Stuttgart

Schulz von Thun, F (2011) Miteinander Reden – Band 1-3 Rowohlt Reinbek

Traufetter, G (2007) Die Weisheit der Gefühle. Rowohlt Reinbek

Das Interview

Napoleon soll seine Unteroffiziere nach der Nasengröße ausgesucht haben. Mit dieser Auswahlmethode werden Sie wohl kaum geeignetes Pflegepersonal finden. Mit dem strukturierten Interview, das wir Ihnen hier vorstellen, werden Sie eher die richtigen Bewerber auswählen.

4.1 Checkliste vorbereiten

Legen Sie eine Checkliste an, damit Sie nichts vergessen und systematisch vorgehen können. Hier als Anregung ein paar Punkte, die Sie noch auf Ihre Einrichtung ausrichten sollten.

Checkliste

- **Bewerber schriftlich einladen (evtl. Personalbogen beifügen)**
- **Alle Teilnehmer am Interview über Termine informieren**
- **Interviewbogen vorbereiten (Fragen, Aufgaben, evtl. Rollenspiel vorbereiten)**
- **Raum reservieren (Flipchart, Getränke)**
- **Pförtner benachrichtigen**

4.2 Übersicht Ablauf Interview

In jedem Unternehmen sollte geregelt sein, wer für die Organisation der Bewerberauswahl zuständig ist. In größeren Unternehmen ist dies die Personalabteilung. Im Folgenden finden Sie eine Übersicht, wie das Interview ablaufen könnte.

Ablauf

- **Begrüßung**
  Vorstellung der Teilnehmer
- **Eröffnung/Einstieg**
  Bewerbern den Ablauf beschreiben
- **Fragen, Aufgabe, Rollenspiel**

▼

- **Vorstellung des Unternehmens**
  Produkte, Dienstleistung, Leitbild, Arbeitsbedingungen
- **Fachvorgesetzter erläutert Aufgabe und Verantwortung**
- **Bewerberfragen beantworten**
  Arbeitsbedingungen, Gehalt etc.
- **Abschluss: Wie geht es weiter?**
  Zeitpunkt der Entscheidung, weitere Gespräche
- **Interviewauswertung**
  Schriftliche Voten über die Beurteilung der Eignung
  Evtl. 2. Gespräch
- **Entscheidung**

4.3 Ablauf und Struktur des Interviews

4.3.1 Begrüßung des Bewerbers

Begrüßen Sie den Bewerber wie einen Gast, heißen Sie ihn willkommen. Stellen Sie den Kontakt mit Small Talk her: Fragen Sie nach der Anreise usw. Stellen Sie dann im Besprechungszimmer zunächst die Teilnehmer an dieser Gesprächsrunde vor, bieten Sie etwas zu trinken an und eröffnen Sie das Interview.

Alle Handys sind ausgeschaltet, dann können wir anfangen. Schön, dass Sie da sind, Frau Lange. Ich möchte Ihnen kurz erläutern, was wir alles mit Ihnen vorhaben.
Wir sind hier ungestört und nehmen uns die Zeit, die wir brauchen, um Sie kennen zu lernen. Ihre Bewerbungsunterlagen haben wir aufmerksam gelesen. Sie haben uns neugierig gemacht.
Was haben wir vor mit Ihnen? Wir werden Ihnen Fragen stellen zu Ihrer Qualifikation und Ihrer Berufserfahrung. Außerdem haben wir ein kurzes Rollenspiel vorbereitet über einen Konflikt, der Ihnen von Ihrer Arbeit her geläufig sein wird. Aber dazu mehr, wenn es soweit ist.
Ich stelle Ihnen später unser Unternehmen vor und Herr Meyer wird Ihnen die Aufgabe, um die es geht, beschreiben. Sie haben selbstverständlich die Möglichkeit, auch uns Fragen zu stellen.
Wollen wir so verfahren?

Manche Interviews beginnen damit, dass zuerst das Unternehmen, die Pflegeeinrichtung, die Klinik vorgestellt wird und der Fachvorgesetzte anschließend die Aufgabe und die Anforderungen ausführlich beschreibt. Die Bewerber müssen bei diesem Vorgehen mindestens eine halbe Stunde lang zuhören, obwohl sie darauf eingestellt sind, Ihre Fragen zu beantworten.

Tipp

Stellen Sie die erste Frage unmittelbar nach den einleitenden Worten, zum Beispiel: Erzählen Sie uns etwas über sich. Warum sind Sie Krankenschwester geworden, was sind Ihre beruflichen Stationen?

4.3.2 Der erste Eindruck

Die äußerliche Erscheinung, das Auftreten, der Gang, der Händedruck hinterlassen einen Eindruck, der sich im Kopf festsetzt, ganz unwillkürlich. Sicheres Auftreten reicht jedoch als Qualifikation für viele Aufgaben nicht aus. Und gelegentlich gibt es auch »Blender«, die Sie bestimmt nicht einstellen möchten.

Der erste Eindruck ist ein Spontanurteil, das auf Intuition beruht. Doch Vorsicht! Intuition kann auch zu einem Fehlurteil führen. Die Auslöser für eine Entscheidung sind vielfältig und reichen von Sympathie über eine gleiche Wellenlänge, Charaktereigenschaften, Vorurteile, Aussehen, Charme bis hin zur Stimme.

Nach fünf Minuten hat man einen ersten Eindruck. Man hat einen Bewerber im Geiste schon eingestellt oder abgelehnt. Doch das muss eine Arbeitshypothese bleiben. Bei einem positiven ersten Urteil sollte man im Laufe des Interviews Argumente sammeln, die dagegen sprechen, und bei einem negativen Eindruck umgekehrt verfahren. Nach dem Interview weiß man, ob sich der erste Eindruck verfestigt hat oder nicht.

4.3.3 Fragen stellen, nachhaken, vertiefen

Sie haben im Interviewbogen Fragen vorbereitet, die von den Anforderungskriterien abgeleitet sind. Vorbereitete Fragen zu stellen genügt oft nicht. Man muss nachfragen oder bohren, um die Informationen zu bekommen, die man haben will. Es ergeben sich selbstverständlich auch Fragen aus der Situation heraus. Oft muss man nachfragen, weil der Bewerber die Frage nur unzureichend beantwortet hat.

Der Schriftsteller Hans Magnus Enzensberger hat über seine Misserfolge ein Buch geschrieben (»Lieblings-Flops« 2011). Nehmen wir diesen Begriff einmal auf für ein Interview mit einem Bewerber, der sich um die Position eines Pflegedienstleiters beworben hat. Bei den Anforderungskriterien ist u.a. Projekterfahrung festgelegt.

Interviewer: Was war Ihr Lieblings-Flop?
Bewerber: Das war mein erstes Projekt, das ich leitete. Liegt schon ein paar Jahre zurück. Es ging um die Verbesserung unserer Qualitätsstandards. Die Vorschläge, die wir seinerzeit gemacht hatten, überzeugten die Klinikleitung nicht. Die Ergebnisse dieser Projektarbeit wurden stillschweigend beerdigt.
Interviewer: Was war der Grund für das Scheitern?
Bewerber: Die Klinikleitung hat die Teilnehmer der Projektgruppe selbst bestimmt, als Projektleiter hatte ich darauf keinen Einfluss. Und dann dominierte der Verwaltungsdirektor mit seinen Auffassungen die Gruppe.
(Schweigen)
Interviewer: Was haben Sie als Projektleiter falsch gemacht?
Bewerber: Ich konnte mich nicht durchsetzen mit meinen Vorschlägen…
Interviewer: Was würden Sie beim nächsten Projekt anders machen? …

4.3.4 Ergänzung des Interviews: Der Kurzvortrag

Die Selbstpräsentation des Bewerbers mit einem Kurzvortrag kann eine sinnvolle Ergänzung bei Hochschulabsolventen sein, die als Führungsnachwuchs (Trainees) eingestellt werden. Dabei kann man gut testen, ob der Bewerber seine Gedanken und Gefühle klar und verständlich ausdrücken kann.

In der Einladung zum Interview sollten Sie den Bewerber darüber informieren, dass er vor dem eigentlichen Interview den Kurzvortrag halten soll und was Sie von ihm erwarten, welche Hilfsmittel er einsetzen darf und wie lange die Selbstpräsentation dauern soll.

4.3.5 Interviewabschluss

Führungskräfte lernen in Kommunikationsseminaren, dass man Mitarbeitergespräche positiv beenden sollte. Dieses Prinzip gilt aber nicht unbedingt für Einstellungsinterviews. Ich weiß aus Erfahrung, dass Interviewer das Vorstellungsgespräch häufig damit abschließen, dass sie dem Bewerber eine positive Rückmeldung geben und damit Hoffnungen wecken, die in den meisten Fällen nicht erfüllt werden, weil sich häufig noch nicht alle Bewerber vorgestellt haben und die Entscheidung dann doch vielleicht anders ausfällt. Das ist gegenüber dem Bewerber unverantwortlich. Ich selbst habe als Bewerber erlebt, dass mir der Geschäftsführer nach dem Interview die künftigen Mitarbeiter vorstellte. Aus der Sache wurde dann doch nichts; die Gründe habe ich nie erfahren.

Was sollte man einem Bewerber nach dem Interview sagen? Ein Bewerber will wissen, wie es weitergeht, wann er mit einer Entscheidung rechnen kann oder ob ein zweites Gespräch stattfindet.

4.4 Gut zu wissen

4.4.1 Selbstdarstellung

»Selbstdarstellung« ist hierzulande ein Wort mit einem schlechten Beigeschmack. Das könnte auf einem Missverständnis beruhen. Wenn von »Selbstdarsteller« die Rede ist, soll der Eindruck vermittelt werden, es handle sich um Menschen, die gerne hochstapeln, die vorgeben, zu sein, was sie nicht sind. Selbstdarsteller gelten als Blender, Angeber, Bluffer, Aufschneider und Lügner. Dabei ist die Selbstdarstellung, die Selbstinszenierung, das Eindruck-machen auf andere etwas Selbstverständliches für jeden. Wir tun es jeden Tag. »Impression Management« bezeichnen amerikanische Sozialpsychologen wie Mark Snyder die Strategie und Techniken, die wir benutzen, um unseren Eindruck auf andere zu steuern, um andere zu beeinflussen. Gute Selbstdarsteller sind äußerst geschickt darin, ihre Gefühle verbal und nonverbal auszudrücken und damit einen bestimmten, positiven Eindruck zu vermitteln. Sie finden blitzschnell heraus, welche Form der Selbstdarstellung welcher Situation angemessen ist. Sie beteiligen sich aktiv an der Kommunikation. Sie treten häufig als Wortführer auf und bevorzugen Freunde, für die Selbstdarstellung keine besondere Bedeutung hat.

Selbstdarsteller achten darauf, wie sie sich in sozialen Situationen ausdrücken und darstellen: auf Partys, bei Einstellungsinterview, bei Konferenzen, auf Workshops. Selbstdarsteller besitzen die Fähigkeit, ihr Verhalten zu kontrollieren und – wenn notwendig – zu korrigieren. Verkäufer, Fernsehmoderatoren, Strafverteidiger und Berufsschauspieler sind gute »Impression Manager«.

Starke Selbstdarsteller beherrschen die Technik der Steuerung und Beeinflussung. Sie sind offen, zeigen Gefühle, schmeicheln, tun anderen einen Gefallen und haben ihre Angst unter Kontrolle. Sie sind flexibel und anpassungsfähig, erwecken den gewünschten Eindruck, verhalten sich der Situation angemessen, nämlich klug und pragmatisch. Einige Menschen wenden das »Impression Management« häufiger und mit größerer Geschicklichkeit an als andere.

»Ein Mensch besitzt viele verschiedene soziale Persönlichkeiten«, schreibt der amerikanische Sozialpsychologe Goffman (2003). Die Soziologen sprechen von »sozialen Rollen«. Wir alle wissen aus unserer Lebenserfahrung, dass sich der Mensch in unterschiedlichen Rollen auch verschieden verhält. Ist er als Autofahrer aggressiv und fährt rücksichtslos auf der linken Spur, kann er durchaus als Gesundheits- und Krankenpfleger Einfühlungsvermögen zeigen. Als Liebhaber ist er zärtlich und als Vater fürsorglich. Man fragt sich: Wie passt das zusammen?

Die Selbstdarstellung, das Eindruck-machen auf andere, ist etwas Selbstverständliches. Es läuft ständig in unserem Verhalten ab. Natürlich tragen wir alle Masken. Im Allgemeinen wird man sich ein wenig besser darstellen, als man ist oder zu sein glaubt (Goffman 2003).

Gute Selbstdarsteller wissen: Wer sich anderen gegenüber offen gibt und Gefühle zeigt, wirkt sympathischer und attraktiver. Seine Gesprächspartner werden sich im Gegenzug auch offener und zugänglicher zeigen. Die Chance, Einfluss zu nehmen, nimmt zu. Anderen zu schmeicheln, sie zu loben, gleicher Meinung zu sein oder ihnen seine Gunst zu erweisen, sind Mittel, um sich Menschen gewogen zu machen. Wir leben nicht nur in einer Konsumgesellschaft, sondern auch in einer Gesellschaft, die auf Konsens ausgerichtet ist.

Man sollte nicht automatisch annehmen, so Snyder, dass gute Selbstdarsteller ihre Fähigkeiten absichtlich für Täuschungsmanöver oder zur Manipulation von Menschen einsetzen. Sie benutzen ihre darstellerischen Talente häufig, um mit Freunden und Bekannten gut zurechtzukommen und sich beliebt zu machen.

■ Warum Selbstdarstellung noch immer einen schlechten Ruf hat

Der Kommunikationswissenschaftler Schulz von Thun (2011) schreibt in seinen Büchern, dass es in unserer Gesellschaft so eingerichtet sei, dass wichtige Lebensbereiche wie Schule und Beruf nach dem »Leistungs- und Rivalitätsprinzip« ausgerichtet sind. Daher rühre auch die »Selbstoffenbarungsangst« oder eine »Angst vor der Entlarvung als Versager«. Das sei der Grund, warum der Mensch Imponier- und Fassadentechniken einsetzen müsse, um sich von der besten Seite zu zeigen, was Schulz von Thun mit den Worten beschreibt: Sich aufspielen, sich produzieren, angeben, selbst beweihräuchern, Rad schlagen wie ein Pfau, Eindruck schinden.

Er denunziert diese Verhaltensweisen als »Hoffnung-auf-Erfolg-Strategie«. Von Thun verbreitet Klischees: Wettbewerb sei schlecht, wer versage, müsse auf den Aufstieg verzichten.

- **Selbstdarstellung und Bewerberauswahl**

Was bedeutet Selbstdarstellung bei der Bewerberauswahl? Bewerber sind in der Rolle, sich selbst, ihre Fähigkeiten und ihre Persönlichkeit selbst zu präsentieren, mit ihrer schriftlichen Bewerbung und im Interview bei der persönlichen Vorstellung. Diese Selbstdarstellung ist eine notwendige Selbstpräsentation, die nichts Anrüchiges hat, im Gegenteil: Wer als Bewerber ein selbstsicheres Auftreten hat und seine Qualifikation im Interview mit wohlgesetzten Worten überzeugend darstellen kann, hat im Wettbewerb mit den anderen Bewerbern die Nase vorn. Dies trifft auf alle Berufe zu, wo es auf Redegewandtheit ankommt. Bei Alten-, Gesundheits- und Krankenpflegern ist nicht so sehr die Geschliffenheit ihrer Rede wichtig als vielmehr die Fähigkeit, auf Menschen zuzugehen, schnell Kontakt herzustellen und ihnen mit Respekt und Empathie zu begegnen. Doch auch Führungskräfte in der Pflege müssen in der Lage sein, ein Problem, ein Projekt und neue Ideen mündlich und schriftlich überzeugend mit klaren Worten darzustellen.

4.4.2 Wie Sie Blender erkennen

Es gibt Unternehmen, die lassen die Angaben im Lebenslauf, die Zeugnisse, Diplome und Referenzen durch Detekteien auf den Wahrheitsgehalt überprüfen, vor allem dann, wenn es sich um Bewerbungen für Führungspositionen handelt. Was ist davon zu halten? Unabhängig davon, dass ein solches Vorgehen mit nicht unerheblichen Kosten verbunden ist, ist dies bereits ein Zeichen des Misstrauens und einer künftigen Zusammenarbeit nicht gerade förderlich. Ungereimtheiten im Lebenslauf lassen sich auch durch hartnäckiges Nachfragen aufklären. Wenn immer noch Zweifel bestehen, sollte man von einer Einstellung absehen.

Doch Blender müssen nicht zwangläufig falsche Dokumente vorlegen. Sie wollen durch ihr Auftreten, ihren Charme und ihrer Redegewandtheit Eindruck machen. Mit Erfahrung, Augenmaß und Intuition kann man solche Hoppla-jetzt-komm-ich-Typen erkennen. Bei einem Bewerber um eine Führungsposition spielt »Empathie« eine Rolle, die man im Interview testen kann, und zwar nicht durch Fragen, sondern durch ein Fallbeispiel oder Rollenspiel: Was tun Sie bei der Einführung der neuen Software, wenn die Mitarbeiter heftigen Widerstand leisten? Oder mit einem Rollenspiel »Kündigungsgespräch«? (▶ Abschn. 4.6)

4.4.3 Geht es bei der Bewerberauswahl gerecht zu?

Der Soziologe Max Weber (2010) spricht von einem Grundbedürfnis nach Gerechtigkeit. Auch Bewerber erwarten, dass es bei der Auswahl gerecht zugeht. Heißt das, jeder Bewerber hat die gleiche Chance? Dann müsste man alle Bewerber zu einem Interview einladen. Haben interne Bewerber die gleiche Chance wie externe? Jeder Bewerber weiß, dass die fachliche und soziale Kompetenz eine große Rolle spielen.

Der Philosoph Ludwig Marcuse weist in seinem Buch »Philosophie des Unglücks« (2001) auf Aspekte hin, die man auch bei der Bewerberauswahl nicht außer Acht lassen sollte. Er schreibt:

» Weniger hat man bedacht, dass die Natur, nicht weniger blind als die Gesellschaft, Privilegien produziert. Sie sind natürlicher, nicht menschlicher; das hat der große Rousseau übersehen. Schönheit, Stimme, Vitalität, Gesundheit sind ererbt – wenn auch auf einem anderen Wege als ein Name und ein Konto – und schaffen dieselben Oben und Unten. (…) Man kann die Ungerechtigkeit aus der Welt schaffen, wenn man auch die natürlichen Privilegien nicht honoriert. Gerecht ist, dass kein ererbter Rang prämiert wird. «

4.4.4 Sympathie und Abneigung

Wir wissen aus Erfahrung, dass Sympathie und Antipathie einen bedeutenden Einfluss haben, wenn wir die Eignung eines Bewerbers bewerten. Doch warum sollte man eine Bewerberin nicht sympathisch finden dürfen, wenn sie ansonsten gut für die angebotene Stelle geeignet ist? Das wäre schon der Idealfall. Wenn die

Pflegedirektorin eines großen Krankenhauses einen Pflegedienstleiter einstellt, mit dem sie fast täglich zu tun haben wird, wird sie immer jemand einstellen, der angenehm im Umgang wirkt oder gar sympathisch ist. Doch Sympathie kann leicht einen Eindruck verfälschen. Wir finden Menschen sympathisch, die uns ähnlich sind oder von uns so wahrgenommen werden. Dabei spielen Aussehen, Manieren, Kleidung, Sprechweise und Stimme eine große Rolle.

Ich weiß aus meiner Erfahrung als Interviewer, dass man bei sympathischen Bewerbern recht nachsichtig ist, wenn die Anforderungen nicht erfüllt werden: »Das kann man doch alles lernen«, heißt das Argument. Nett und sympathisch zu sein, ersetzt noch keine Qualifikation. Selbstverständlich will der künftige Chef eine Mitarbeiterin um sich haben, mit der er gerne zusammenarbeitet und bei der die Wellenlänge stimmt. Das ist alles richtig. Aber die Qualifikation muss auch stimmen.

4.4.5 Die Gehaltsfrage

Wo Tarifverträge gelten, gibt es wenig oder überhaupt keinen Spielraum beim Gehalt. Das gilt vor allem für Tarifverträge im öffentlichen Dienst, wo auch Führungskräfte in der Pflege einbezogen sind. Privatunternehmen, die nach Tarif bezahlen, haben oft die Möglichkeit, übertarifliche Zulagen zu gewähren oder Mitarbeiter außertariflich zu bezahlen.

Die Höhe des Gehalts richtet sich nach dem Arbeitsmarkt, also nach Angebot und Nachfrage, wobei die Untergrenzen durch Tarifverträge oder Mindestlohn (in der Pflege € 8,50 West und € 7,50 Ost) festgelegt sind. In den meisten Branchen – auch in der Pflege – ist ein Stellenwechsel nicht unbedingt mit mehr Gehalt verbunden, im Gegenteil. Manche Arbeitnehmer müssen sich mit weniger Gehalt zufrieden geben. Arbeitslose wissen das. Arbeitgeber orientieren sich an vergleichbaren Positionen und am Marktwert. Bei der Einstellung zeigen sich viele Firmen beim Gehalt eher skeptisch, d.h., sie bezahlen eher weniger als gefordert worden ist, sind aber nach der Probezeit durchaus bereit, bei entsprechender Leistung das Gehalt zu erhöhen. Das sollte man als Unternehmen den künftigen Mitarbeitern bei der Einstellung offen sagen (▶ Auszug aus einem Interview).

Auszug aus einem Interview

Interviewer: Kommen wir zur Gehaltsfrage. Wie alt sind Sie?

Bewerber: Achtundvierzig, aber was mein bisheriges Gehalt angeht, bin ich wesentlich jünger.

Interviewer: Die Zeiten haben sich geändert. Die Jungen verdienen heute nicht weniger als die Alten. Wie viel wollen Sie bei uns verdienen?

Bewerber: (lächelt) So viel wie möglich.

Interviewer: (lacht) Das möchten wir doch alle. Ich meine, welche Summe haben sie sich vorgestellt?

Bewerber: Das Doppelte

Interviewer: Das Doppelte wovon?

Bewerber: Von dem Betrag, der Ihnen vorschwebt.

Interviewer: Bei mir schwebt nichts. Weder vor noch zurück. Der Betrag ist ganz fest in meinem Gedächtnis verankert. Also, nennen sie mir Ihren Gehaltswunsch!

Bewerber: Das Doppelte.

Interviewer: Es ist üblich, dass der Bewerber seine Gehaltsvorstellung nennt, nicht umgekehrt.

Bewerber: Mag sein. Ein Arbeitsvertrag ist ein Austauschvertrag. Geld gegen Leistung. Richtig?

Interviewer: Absolut.

Bewerber: Nach dem Bürgerlichen Gesetzbuch § 243 schulde ich Ihnen eine Arbeitsleistung mittlerer Art und Güte. Richtig?

Interviewer: Absolut.

Bewerber: Ich biete Ihnen **keine** Leistung mittlerer Art und Güte, also eine durchschnittliche Leistung, sondern eine Spitzenleistung, das Doppelte eben.

Interviewer: Wer garantiert mir, dass Sie tatsächlich die doppelte Leistung erbringen?

Bewerber: Sie haben mein Wort und die Probezeit. Wobei ich noch sagen will: Das Doppelte ist eine Minimalforderung. Manche verdienen das Dreifache oder mehr. Dagegen bin ich bescheiden.

Interviewer: Nehmen wir nur einmal an, ich folge Ihrem Gedanken. Was bedeutet konkret »doppelte Leistung«? Arbeiten sie statt acht sechzehn Stunden?

▼

Bewerber: Nein, das ist nicht nur eine Frage der Quantität, sondern vor allem der Qualität. Anders ausgedrückt: Es sind die neuen Ideen, die ich mitbringe, die Begeisterung, den Mut, neue Wege zu gehen.
Interviewer: So habe ich das, ehrlich gesagt, noch nicht betrachtet. Wenn Sie recht behalten, dann wäre die Firma vielleicht bereit ...
Bewerber: Jetzt kommen wir uns näher. Mein Vorschlag lautet: Bei Eintritt das Doppelte, nach der Probezeit das Dreifache. Einverstanden?
(Der Wecker klingelt. Aus der Traum.)

4.4.6 Bewerber zu Wort kommen lassen, Zuhören, Pausen

Die meiste Zeit sollte der Bewerber reden. Das weiß jeder Interviewer und trotzdem wird dagegen am häufigsten verstoßen. Die Interviewer sind Chefs, die es gewohnt sind zu reden. Bei einem Gespräch mit einem Bewerber kommt hinzu, dass es für die Interviewer eine gute Gelegenheit ist, sich und ihre »wichtige« Arbeit nicht nur vor dem Bewerber im besten Licht darzustellen, sondern auch gegenüber den anwesenden Kollegen und gar gegenüber dem Chef, wenn er denn dabei ist.

Um herauszufinden, was mit dem Bewerber ist, was in ihm vorgeht, was er denkt und fühlt, muss man ihm aufmerksam zuhören. Dazu gehört auch, ihn ausreden zu lassen. Das ist für viele das Problem. Um uns herum wimmelt es nur so von schlechten Zuhörern. Jeder versucht, seine eigene Botschaft unter die Leute zu bringen.

Wir steht es mit Ihnen selber? Sind Sie ein guter Zuhörer? Zuhören bedeutet nicht nur passives Dasitzen und Schweigen. In der Gesprächstherapie spricht man vom »aktiven Zuhören« und meint damit, interessiert, konzentriert, aufmerksam und einfühlsam zuhören. »Zuhören« bedeutet, die Welt mit den Augen des anderen sehen. Aktives Zuhören drückt sich so aus, dass der Zuhörer seinem Gesprächspartner signalisiert, dass er seine Botschaft verstanden hat, seine Gefühle und Gedanken wahrnimmt. Dazu gehören nicht nur verbale Signale, sondern auch nonverbale, wie Nicken, Vorbeugen des Körpers, Blickkontakt.

- **Pausen**

Wenn ein Bewerber ins Stocken gerät, sollten Sie ihm ein wenig Zeit lassen, sich zu sammeln. Halten Sie die Pause aus. Das gilt auch umgekehrt. Wenn der Bewerber Ihre Frage beantwortet hat, legen Sie als Interviewer einmal eine Pause ein. Testen Sie, wie der Bewerber darauf reagiert.

Das Schweigen des Bewerbers sollten Sie nicht unterbrechen, es sei denn, es dauert zu lange.

4.4.7 Die Frage nach Stärken und Schwächen, nach Erfolgen und Misserfolgen

Fragt ein Interviewer nach den Stärken, kommen den meisten Bewerbern die Worte leicht über die Lippen. Aber bei der Frage nach den Schwächen geraten viele ins Stocken. Wie sollen Bewerber darauf auch reagieren? Schließlich möchten sie sich von ihrer guten Seite zeigen, um den Job zu bekommen. Sie könnten Bertolt Brecht zitieren: »Schwächen: Du hattest keine. Ich hatte eine. Ich liebte.« Molières »Menschenfeind« wäre in dem Zusammenhang noch besser: »Meine Schwäche besteht darin, dass ich offen spreche.«

Im Fragebogen der Frankfurter Allgemeinen Zeitung lautet eine Frage: Was ist Ihr größter Fehler? Viele Prominente, wie der Literaturkritiker Marcel Reich-Ranicki oder der Schauspieler Til Schweiger, haben die gleiche Antwort gegeben: Ungeduld. Wer Einstellungsgespräche mit Führungskräften führt, kennt diese Antwort. Der Erkenntnisgewinn für die Einstellungsentscheidung ist gleich null. Denn eigentlich reden sie damit von einer Stärke: Es geht ihnen alles nicht schnell genug; sie werden den Mitarbeitern schon Beine machen.

Was will ein Interviewer von einem Bewerber wissen? Welche Erfolge er vorzuweisen hat, aber auch, woran jemand gescheitert ist und was er aus den Fehlern gelernt hat. Daher sollte die Frage konkreter sein. Was war bisher ihr größter beruflicher Erfolg, was ihr größter Flop? Worauf sind Sie stolz, an welcher Aufgabe, welchem Projekt sind Sie gescheitert? So erhält der Interviewer Informationen, die für die Beurteilung der Eignung eine Rolle spielen können.

4.5 Beurteilung der Eignung

Die Interviewer stehen vor der Frage: Welchem Bewerber traue ich zu, die Position auszufüllen und dem Unternehmen dabei zu helfen, die Probleme zu lösen und zum Unternehmenserfolg beizutragen? Was gibt bei allen Informationen, Daten und Fakten, die wir über die Bewerber haben, den Ausschlag für die Entscheidung? Zunächst einmal wird man nüchtern feststellen müssen, ob eine Bewerberin die erforderliche fachliche Qualifikation besitzt. Dann kommt das Gefühl: Sie packt es, sie kann uns helfen, sie ist die Richtige für diese Aufgabe, sie wird das Unternehmen voranbringen, Impulse geben und neue Ideen ins Unternehmen bringen.

Die Bewerbergespräche sind beendet. Die Interviewer schauen auf ihre Notizen und besprechen, was ihnen besonders aufgefallen ist. Der Beobachter der Körpersprache trägt seinen Beobachtungen zu Mimik und Stimme vor. Danach füllt jeder Interviewer den Bogen »Eignungsbeurteilung« aus. Dort sind die wichtigsten Anforderungskriterien aufgelistet. Der Interviewer nimmt einen Soll-Ist-Vergleich vor, beurteilt den Ausprägungsgrad von 1 (schwach) bis 5 (stark) und gibt sein Votum ab: Gut geeignet – geeignet – nicht geeignet (Beispiele ▶ Kap. 6).

Alle Interviewer müssen sich einig sein, Zweifel darf es bei einem positiven Votum keine geben. Deshalb gibt es keine hierarchische Entscheidung und schon gar keine Abstimmung. Alle Beteiligten geben ihr Votum ab und müssen überzeugt sein, die richtige Entscheidung zu treffen. Kommt kein einheitliches Votum zustande, kann man sich darauf verständigen, ein weiteres Gespräch zu führen bzw. zu einem »Arbeitstag« in das Unternehmen einzuladen, um die Bewerberin besser kennen zu lernen. Entschließt man sich nicht dazu, ist die Kandidatin ist aus dem Rennen.

Aus einer einmütigen Entscheidung folgt, dass alle die neue Mitarbeiterin bei der Einarbeitung unterstützen werden, um die Voraussetzung zu schaffen, dass sie erfolgreich arbeiten kann.

4.5.1 Entscheidung

Am Ende des Auswahlprozesses steht die Entscheidung, wer eingestellt wird. Ist das eine rationale Entscheidung, bei der es nur um Logik geht, um das Abwägen von Pro- und Kontra-Argumenten? Nein, sagt der amerikanische Neurologe Antonio Damasio. Jede Entscheidung brauche einen »emotionalen Anstoß«, weil aus purem Verstand heraus ein Mensch nicht handeln könne. Und der Bremer Hirnforscher Gerhard Roth meint:

» Ein hilfreicher Ansatz, das wurde auch empirisch nachgewiesen, besagt: Wäge zunächst ausgiebig rational ab und lass die Sache dann einige Zeit ruhen. Fühlt sich die gewählte Option immer noch gut an, tu es! Die Wahl, die wir am Ende treffen, ist immer emotional – es gibt ja eigentlich gar keine rationale Entscheidungen, nur rationale Erwägungen. (Gehirn&Geist 11/2007) «

4.6 Katalog Interviewfragen, Aufgaben, Rollenspiele

Interviewfragen

A Einstiegsfragen

B Fachliche Kompetenz

- Ausbildung, Studium
- Wissen, Können, Erfahrung
- Lernbereitschaft/Weiterbildung
- IT-Kenntnisse
- Sprachkenntnisse
- Organisationstalent/Improvisationsvermögen
- Kreativität, Ideen
- Initiative
- Verhandlungsgeschick

C Soziale Kompetenz

- Empathie
- Veränderungsbereitschaft
- Verantwortungsbereitschaft
- Konfliktfähigkeit
- Kommunikation, Kooperation

D Arbeitsleistung

- Stärken
- Arbeitsergebnisse

▼

E Führungseigenschaften, Führungsleistung
- Vertrauen herstellen
- Respekt gegenüber Mitarbeitern
- Empathie
- Verlässlichkeit
- Durchsetzungsvermögen
- Glaubwürdigkeit

F Abschlussfragen
- Sonstige Fragen, Suggestivfragen

G Rollenspiele/Aufgaben
- Führung, Konfliktlösung

A Einstiegsfragen
- Erzählen Sie uns etwas über sich und Ihren beruflichen Werdegang
- Geben Sie uns einen kurzen Abriss über Ihren beruflichen Werdegang.
- Beschreiben Sie uns kurz Ihre jetzige Tätigkeit: Aufgaben und Verantwortung
- Welche unerledigten Aufgaben liegen noch auf Ihrem Schreibtisch?

B Fachliche Kompetenz
Ausbildung/Studium
- Sie haben den Beruf eines … erlernt. Wie sind Sie darauf gekommen?
- Sie haben … studiert. Warum?
- Sie haben das Studium abgebrochen. Warum?
- Konnten Sie zügig studieren?
- Wie haben Sie das Studium finanziert?
- Was war das Thema Ihrer Diplomarbeit?
- Erzählen Sie uns etwas über Ihre Praktika?

Wissen, Können, Erfahrung
- Beschreiben Sie kurz Ihre Berufserfahrung.
- Nennen Sie uns ein fachliches Problem, das Sie gelöst oder eine schwierige Aufgabe, die Sie bewältigt haben?
- Auf welchem Gebiet sind Sie ein Experte?

- Die Art und Weise wie jemand arbeitet, nennt man wohl Arbeitsstil. Wie würden Sie Ihren Arbeitsstil beschreiben?
- Haben Sie konzeptionelle Fähigkeiten? Können Sie Beispiele nennen?

Lernbereitschaft/Weiterbildung

- Was tun Sie, um Ihr Fachwissen auf dem aktuellen Stand zu halten?
- Was haben Sie in den letzten beiden Jahren für Ihre berufliche Weiterbildung getan?
- Aus welchem Fehler haben Sie am meisten gelernt?
- Was wollen Sie unbedingt noch lernen?

IT-Kenntnisse

- Welche PC- und EDV-Kenntnisse besitzen Sie, und wie haben Sie diese erworben?

Sprachkenntnisse

- Entsprechend den Anforderungen, z.B. »Englisch fließend« kann auch bei Interviewbeginn mit dem Bewerber vereinbaren, dass bestimmte Fragen auf Englisch gestellt werden. Zum Beispiel:
  - Where do you see your strengths?
  - What qualifications do you have that make you feel that you will be successful in your field?
  - Describe a difficult problem you've had to deal with.
  - Describe a time you made a mistake on the job. How did you resolve it? What did you learn?
  - How do you spend your leisure time?
  - What salary did you have in mind?
  - Why should we hire you? Tell us four reasons.

Organisationstalent/Improvisationsvermögen

- Wie stark ist Ihr Organisationstalent ausgeprägt? Geben Sie uns ein Beispiel.
- Geben Sie uns eine Kostprobe Ihres Organisationstalents.
- Was ist bei Ihnen stärker ausgeprägt, das Organisationstalent oder das Improvisationsvermögen?
- Wie haben Sie Ihre eigene Arbeit und Ihren Arbeitsplatz organisiert?
- Welche Hilfsmittel setzen Sie ein?

Kreativität/Ideen

- Nennen Sie uns eine Idee, die Sie ausgearbeitet haben und die auch umgesetzt worden ist.
- Mit welcher Idee konnten Sie sich nicht durchsetzen?

Initiative

- Welche fachlichen Konzepte, Entwicklungen gehen auf Ihre Initiative zurück?
- Nennen Sie uns ein Beispiel, wann Sie die Initiative ergriffen haben, um eine Situation, einen Arbeitsablauf zu ändern oder eine Personalentscheidung zu treffen.

Verhandlungsgeschick

- Als Fach- bzw. Führungskraft müssen Sie auch Verhandlungen führen. Können Sie uns an einem Beispiel zeigen, wie Sie sich darauf vorbereiten?
- Sie besitzen Verhandlungsgeschick. Richtig? Was haben Sie getan, um diese Fähigkeit zu entwickeln?

C Soziale Kompetenz

Empathie

- Zur Empathie gehört das einfühlende Zuhören. Sind Sie ein guter Zuhörer?
- Wann fällt Ihnen das Zuhören schwer?
- Woher wissen Sie, was Kunden (Patienten) wollen?

Veränderungsbereitschaft/Flexibilität

- Machen Sie gerne etwas Neues?
- Sind Sie der Motor für Veränderungen?
- Was fällt Ihnen zu dem Satz ein: Kundenwünsche haben Vorrang?
- Was hat sich für Sie in letzter Zeit im Unternehmen oder an Ihrem Arbeitsplatz verändert und wie haben Sie sich darauf eingestellt?

Verantwortungsbereitschaft

- Tragen Sie die Verantwortung für Ihre Arbeit oder arbeiten Sie weitgehend auf Anweisung?
- Für welche Arbeitsergebnisse bei Ihrem jetzigen Arbeitgeber sind Sie verantwortlich?

Kontaktfähigkeit

- Beschreiben Sie den Kontakt zu Ihren Geschäftspartnern/Patienten.
- Beschreiben Sie die Beziehung zu Ihrem Chef und die Zusammenarbeit mit Kollegen.
- Fällt es Ihnen leicht, Kontakte zu knüpfen?

Kommunikation/Kooperation

- Arbeiten Sie lieber alleine oder mit anderen zusammen?
- Wann arbeiten Sie gerne für sich alleine und wann in einer Arbeitsgruppe?
- Wo Menschen zusammenarbeiten gibt es Konflikte. Vergegenwärtigen Sie sich einen Konflikt. Wie sind Sie damit umgegangen?
- Wie gehen Sie mit Stress um?

D Arbeitsleistung

Stärken/Arbeitsergebnisse

- Welche Stärken konnten Sie bei Ihrer Arbeit als … einsetzen und welche nicht?
- In welchem Bereich Ihres Fachgebiets schätzen Sie sich als Experte ein?
- Wenn Sie an Ihre Aufgaben denken, die sie selbstständig erledigen und für die Sie Verantwortung tragen: Mit welchen Problemen sind Sie konfrontiert?
- Sind Sie mit Ihrer Arbeit zufrieden oder würden Sie auch gerne zusätzliche Aufgaben übernehmen, vielleicht mit mehr Verantwortung?
- Können Sie in zwei Sätzen sagen, wofür Sie bezahlt werden?
- Was ist **Ihr** Beitrag zum Unternehmensganzen, zum Erfolg des Unternehmens?
- Was können Sie am besten?

Altenpflegerin

- Woran misst Ihr Arbeitgeber, ob Sie eine tüchtige Altenpflegerin sind?
- Empathie spielt bei Ihrer Arbeit eine große Rolle. Wie bekommen Sie Zugang zu Ihren Patienten, wie halten Sie es mit Nähe und Distanz?
- Wie beurteilt Ihr Chef Ihre Leistung?
- Selbsteinschätzung: Sind Sie erfolgreich mit Ihrer Arbeit?
- Worauf sind Sie stolz?
- Erzählen Sie uns eine Ihrer Erfolgsgeschichten.

▼

- Und wie wäre es mit einer Geschichte, bei der es schief gelaufen ist?
- Was war bisher Ihr größter beruflicher Erfolg?
- Vieles gelingt, manches nicht. Was ist Ihnen misslungen?

E Führungsqualitäten/Führungsleistung

Es gibt kein allgemeingültiges Anforderungsprofil, was Führung angeht. Orientierung könnten in einem Unternehmen allenfalls Führungsrichtlinien oder Grundsätze sein, wie sie in einer Unternehmensphilosophie beschrieben sind. Das Ziel ist klar. Sie wollen wissen, ob der Bewerber mit Menschen umgehen und seine Mitarbeiter dazu bringen kann, der Organisation zum Erfolg zu verhelfen.

Was macht eine gute Führungskraft aus?

- Sie verhält sich respektvoll gegenüber den Mitarbeitern
- Sie kann zuhören
- Sie hat Einfühlungsvermögen und kann die Gefühle wahrnehmen
- Sie hat Zugang (Kontakt, Beziehung) zu den Mitarbeitern
- Sie kann Vertrauen herstellen
- Sie fördert die berufliche Entwicklung ihrer Mitarbeiter
- Sie ist offen für neue Erfahrungen
- Sie unterstützt ihre Mitarbeiter bei ihren Aufgaben
- Sie besitzt Durchsetzungsvermögen
- Sie ist glaubwürdig und verlässlich

Fragen

- Haben Sie Führungserfahrung?
- Haben Sie Erfahrung als Projektleiter?
- Sie sind auch zuständig für die Einstellung von Mitarbeitern. Wie gehen Sie vor?
- Haben Sie Defizite, wie zum Beispiel bei der Trennung von Mitarbeitern, Probleme beim Kündigungsgespräch?
- Wie unterstützen Sie Ihre Mitarbeiter bei den Aufgaben? Können Sie ein Beispiel nennen?
- Werden Sie als autoritär wahrgenommen?
- Beschreiben Sie bitte die Beziehungen zu Ihren Mitarbeitern? Welches Verhältnis haben Sie zu Ihren Leuten?

- Es gibt leistungsstarke und leistungsschwache Mitarbeiter und viele dazwischen. Wie ist das bei Ihren Mitarbeitern?
- In welcher Form geben Sie Ihren Mitarbeitern eine Rückmeldung über Ihre Leistung?
- Haben Sie das Gefühl, dass Sie von Ihren Mitarbeitern akzeptiert werden?
- Sind Sie ein beliebter Vorgesetzter?
- Geben Sie doch bitte eine Selbsteinschätzung: Was für ein Chef sind Sie?
- Haben Sie sich schon einmal von Mitarbeitern trennen müssen? Wie sind Sie dabei vorgegangen?
- Können Sie eine Situation schildern, bei der Sie ein Machtwort sprechen mussten?
- Was halten Sie von schriftlichen Abmahnungen?
- Ihre Mitarbeiter vertrauen Ihnen, oder? Wie haben Sie es geschafft, das Vertrauen zu gewinnen?
- Wie unterstützen Sie das Engagement Ihrer Mitarbeiter?
- Wie denken Sie über Ihren (letzten) Chef?
- Was war bisher für Sie die schwierigste Entscheidung?
- Mut zum Risiko: Haben Sie dazu persönliche Erfahrungen?
- Wann haben Sie zuletzt zu einem Ihrer Mitarbeiter, Kollegen oder Vorgesetzten gesagt: »Ich habe mich geirrt.«
- In welchem Punkt haben Sie in letzter Zeit Ihrem Chef widersprochen?
- Ein Mitarbeiter hat einen gravierenden Fehler gemacht. Wie gehen Sie damit um?
- Fehler als Lernerfahrung. Können Sie damit etwas anfangen?
- Sie geben einem Mitarbeiter einen Auftrag und stellen später fest, dass er nicht erledigt ist. Was tun Sie? Fällt Ihnen dazu ein Beispiel ein?
- Veränderungen erzeugen Widerstand. Können Sie ein Beispiel nennen, wie Sie solche Widerstände überwunden haben?
- Was ist bei Ihnen unfaires Verhalten?
- Wie kontrollieren Sie Ihre Mitarbeiter? (Kontrolle durch Arbeitsergebnisse!)
- Was macht einen guten Mitarbeiter aus. Was muss er/sie können?

F Abschlussfragen

- Warum wollen Sie die Stelle wechseln?
- Nennen Sie vier Gründe, warum wir gerade Sie einstellen sollten? Oder: Warum wäre es ein Fehler, Sie nicht einzustellen?

- **Sonstige Fragen**
  - Was denkt Ihr Partner/Ihre Partnerin über eine die berufliche Veränderung?
  - Was haben Sie sich als Gehalt vorgestellt?
  - Was machen Sie in Ihrer Freizeit?
  - Wann könnten Sie frühestens bei uns eintreten?
  - Haben Sie als Bewerber noch Fragen an uns?

- **Suggestivfragen vermeiden**

Rhetorische Fragen sind bekanntlich Fragen, auf die der Fragensteller keine Antwort erwartet. Beim Interview werden gelegentlich Suggestivfragen gestellt, die rhetorischen Fragen sehr nahe kommen, weil die Antworten keinen Erkenntnisgewinn bringen. Aus Erfahrung weiß ich, dass solche Fragen tatsächlich gestellt werden. Beispiele:

- Was tun Sie, um sich weiter zu entwickeln? (Leben, arbeiten, neugierig sein)
- In welchen Bereichen schätzen Sie sich als überdurchschnittlich ein?
- Trauen Sie sich zu, schwierige Verhandlungen zu führen?
- Sind Sie belastbar?
- Besitzen Sie Eigeninitiative? Können Sie ein Beispiel nennen?
- Welcher Bedeutung kommt Ihrer Meinung nach Gefühlen im Arbeitsalltag zu?
- Sind Sie eher ein emotionaler oder ein rationaler Mensch?
- Hatten Sie eine eher freiheitliche oder eher eine strenge Erziehung und wie sind Sie damit umgegangen?
- Sind Sie eher ein Optimist oder ein Pessimist? (Die Firma braucht nicht nur Optimisten sondern auch Mitarbeiter, die eher skeptisch sind, zum Beispiel Controller)
- Fällt es Ihnen leicht, Kontakt zu Patienten herzustellen?
- Wie bewerten Sie die Zusammenarbeit mit Ihren Kollegen? (Teamfähigkeit)

- **G. Rollenspiele/Aufgaben**

Vorweg eine kurze Bemerkung zum »Rollenspiel«. Das Rollenspiel ist eine Methode, die in der Erwachsenenbildung eingesetzt wird, und zwar immer dann, wenn es darum geht, Verhalten bewusst zu machen, altes Verhalten zu verändern und neues einzuüben. Bei Rollenspielen spielen die Teilnehmer ihre Rolle nach Rollenanweisung, aber eigentlich spielen sie nur sich selbst. Deshalb liefern solche Rollenspiele auch wichtige Informationen über die Qualifikation, weil der Bewerber in eine realistische Situation gestellt ist und sich mit der realen Rolle bei seiner künftigen Aufgabe leicht identifizieren kann.

Hier noch ein praktischer Hinweis. Kündigen Sie die Aufgabe oder das Rollenspiel bereits am Beginn des Interviews an, damit sich der Bewerber darauf einstellen kann. Die meisten Bewerber mögen es nicht, wenn sie plötzlich und unerwartet dazu aufgefordert werden.

Erläutern Sie dem Bewerber die Aufgabe oder das Rollenspiel mündlich und geben Sie ihm zusätzlich eine schriftliche Rollenanweisung. Lassen Sie ihn dann alleine, damit er sich vorbereiten kann, je nach Umfang und Schwere zwischen 10 und 20 Minuten.

Beispiele:

1. **Position: Pflegedienstleiter(in) stationär**
   Eignungskriterien: Führungseigenschaften, Gesprächsführung

- **Rollenanweisung »Innere Kündigung« für Bewerber(in)**
  »Sie haben gerade eine neue Stelle als Abteilungsleiterin angetreten und müssen nach kurzer Zeit feststellen, dass Ihr Stellvertreter und Einsatzleiter, Hermann Kleiber, seine Arbeit recht lustlos verrichtet, sich passiv verhält, keine Vorschläge macht und bei Besprechungen keine Beiträge liefert. Sie haben den Eindruck, dass es sich um einen typischen Fall von »innerer Kündigung« handelt. Sie laden Herrn Kleiber zu einem Mitarbeitergespräch ein, um die Gründe zu erfahren und evtl. zu entscheiden, was tun ist.«
  Vorbereitungszeit: 10 Minuten
- **Rollenanweisung für den Stellvertreter und Einsatzleiter** (Rolle wird von einem Interviewer gespielt)
  »Seien Sie sehr reserviert und wortkarg. Weisen Sie zunächst den Vorwurf der inneren Kündigung zurück. Rücken Sie erst nach hartnäckigem Nachfragen mit der Sprache heraus: Wegen Ihrer letzten guten Beurteilung haben Sie sich selbst Hoffnungen auf die Abteilungsleiterstelle gemacht. Jetzt sind Sie frustriert!«

2. **Position: Stationsleiter(in)**
   Eignungskriterien: Führungseigenschaften, Konflikte regeln

- **Rollenanweisung für Bewerber(in):**
  »Heinz Liedel ist einer Ihrer tüchtigsten Mitarbeiter. Er arbeitet schnell, unkonventionell, hat gute Ideen und ist sehr engagiert. Leider ist L. nicht immer zuverlässig. Das stört Sie. Heute Morgen ist er zum zweiten Mal in dieser Woche zu spät zum Frühdienst gekommen, immerhin nur eine

Viertelstunde. Nach der Frühschicht bitten Sie ihn zu einem Mitarbeitergespräch.
Vorbereitungszeit: 10 Minuten

- **Rollenanweisung Mitarbeiter(in)** (Rolle des Mitarbeiters spielt ein Interviewer.)
Der Mitarbeiter nimmt das auf die leichte Schulter: »Man kann doch mal verschlafen. Die paar Minuten. Die Zeit hole ich doch in einer Stunde wieder rein. Sind Sie denn nicht mehr zufrieden mit meiner Arbeit? Oder wollen Sie mich loswerden?«

3. **Aufgabe für Position »Abteilungsleiter(in) Krankenhausverwaltung«**
Eignungskriterium: Regelung von Konflikten, Überwindung von Widerstand

- **Rollenanweisung: Einführung einer neuen Software**
Bewerber erhält eine schriftliche Unterlage über die Aufgabe und mündliche Hinweise.
»Für diese Aufgabe haben Sie eine Zeitvorgabe von ca. 20 Minuten, um sich ein paar Gedanken zu machen, Stichworte aufzuschreiben, um danach das Ergebnis vorzutragen. Es ist auch ein Ergebnis denkbar, das von den vorgegebenen Lösungen abweicht. Hier die Aufgabe (schriftlich):«
Aufgabe für Bewerber(in)
Im Krankenhaus soll ein neues Softwareprogramm eingeführt werden. Sie haben sich bereit erklärt, dass Ihre Abteilung den Anfang macht, als Test sozusagen. In Ihrer Abteilung arbeiten insgesamt zwölf Mitarbeiter, sieben davon sind älter als 40 Jahre und schon länger in der Abteilung tätig. Sie schätzen ihre Arbeit. Von diesen erfahrenen Mitarbeitern kommt Widerstand gegen die Einführung. Die Argumente: Warum ausgerechnet unsere Abteilung? Wir wissen ohnehin nicht, was wir zuerst machen sollen. Und jetzt das. Das ist doch mit Mehrarbeit verbunden. Vor drei Monaten ging Frau Müller in den Ruhestand. Sie ist nicht ersetzt worden. Wir machen ihre Arbeit jetzt mit. Nein, Chef. Die Grenze der Belastung ist erreicht. Lassen Sie sich etwas anderes einfallen. Soll doch die Abteilung von Herrn Bloom den Anfang machen. Wir haben den Eindruck, dass die Kollegen noch Luft haben.

Wie reagieren Sie als Chef der Abteilung? Was tun Sie? Entscheiden Sie sich für einen dieser drei Lösungsvorschläge und begründen Sie Ihre Entscheidung.

- (1) Meine Mitarbeiter haben mich überzeugt. Ich werde meinem Chef klarmachen, dass es nicht geht und ihn bitten, mit einer anderen Abteilung zu beginnen.

- (2) Ich werde eine Woche verstreichen lassen, dann eine Mitarbeiterbesprechung einberufen und meinen Leuten sagen: Ich habe keine andere Wahl. Die Geschäftsleitung hat das angeordnet. Mir passt das auch nicht. Da müssen wir jetzt durch. Beißen wir die Zähne zusammen. Wir werden es schon schaffen. Gemeinsam! Ich werde Sie unterstützen.
- (3) Die hohe Arbeitsbelastung kann nicht der wahre Grund für den Widerstand sein. Gerade die älteren Mitarbeiter haben Angst vor dem Neuen, vor der neuen Software. Sie haben Angst, zu versagen. Sie haben Angst, Fehler zu machen. Es kommt darauf an, ihnen die Ängste zu nehmen. Dafür gibt es keine Patentrezepte, aber Lösungen.

Sie sind frei in Ihrer Entscheidung, ob Sie sich für einen dieser Lösungsvorschläge entscheiden oder für eine andere. Wichtig ist, dass Sie Ihre Entscheidung begründen.

▪ Lösungsvorschlag für diese Aufgabe

In einem solchen Fall gibt es nicht »die« Lösung. Es kommt auch hier darauf an, eine Lösung zu finden, die sowohl den Interessen des Krankenhauses entgegenkommt als auch die Bedürfnisse der Mitarbeiter angemessen berücksichtigt.

- Der Abteilungsleiter könnte zunächst versuchen, auf freiwilliger Basis eine kleine Projektgruppe zu bilden, die ihn bei der Einführung unterstützt.
- Im ersten Schritt müssten alle Mitarbeiter der Abteilung Gelegenheit haben, das neue System kennenzulernen, beim Hersteller oder noch besser: bei einer Firma oder in einem Krankenhaus, wo das Programm bereits läuft. Der Abteilungsleiter sollte versuchen, das so zu organisieren, dass seine Mitarbeiter Gelegenheit haben, mit den Benutzern zu sprechen, die schon an der Anlage arbeiten und sie von ihren Erfahrungen berichten lassen, von ihren Ängsten, von ihren Problemen und auch davon, was gegenüber früher anders, besser geworden ist.
- Abschließend könnte der Abteilungsleiter alle Beteiligten zu einem gemeinsamen Essen einladen, wo sie in einer lockeren Atmosphäre noch einmal Gelegenheit haben, sich auszutauschen. Das wird den älteren Mitarbeitern den Schrecken nehmen.
- Dann werden die ersten Geräte aufgestellt, die parallel laufen, mit freiwilligen Mitarbeitern, denen man über die Schulter schauen kann. Innerhalb der Abteilung sollte es einen Berater oder einen erfahrenen EDV-Fachmann aus dem Krankenhaus geben, der Fragen beantwortet und den Mitarbeitern hilft, wenn sie nicht mehr weiter wissen.

- Zwischendurch sollte die Projektgruppe, die nicht der Abteilungsleiter leiten sollte, Vorschläge machen, wie die neue Software eingeführt werden soll. Schritt für Schritt wird das neue System allen Mitarbeitern der Abteilung vorgestellt, diskutiert und ein Konsens über das weitere Vorgehen herbeigeführt, das der Abteilungsleiter dann absegnen sollte.

Bei der Einführung neuer EDV-Systeme wird viel gesündigt. Das größte Hindernis ist eigentlich nicht der Widerstand der Mitarbeiter, sondern die Ungeduld der Planer, das System möglichst schnell zum Laufen zu bringen. Diese EDV-Spezialisten sind oft nicht fähig, sich in die Lage der Anwender hineinzuversetzen, ihre Bedürfnisse und Probleme wahrzunehmen und bei der Einführung zu berücksichtigen.

Zusammenfassung

Struktur und Ablauf des Interviews wurden dargestellt, von der Vorbereitung bis zur Beurteilung der Eignung. Ein Interview ist kein netter Plausch. Es muss vorbereitet werden, wie z.B. mit einem Interviewbogen, in dem die wichtigsten Anforderungskriterien und die dazu passenden Fragen und Aufgaben aufgelistet werden (▶ Abschn. 4.6).

Der erste Eindruck wurde beschrieben, der auf Intuition beruht und nicht immer richtig sein muss, und Fragen aufgeführt, die immer wieder gestellt werden. Suggestivfragen sollten vermieden werden, wenn sie keinen Erkenntnisgewinn bringen. Die Frage nach dem größten Flop ist ergiebig, weil man hier erfahren kann, was der Bewerber aus den Fehlern gelernt hat.

Nach dem Interview geben die Interviewer schriftlich ihr Votum über die Eignung ab. Ein positives Votum muss einstimmig sein, weil man bei der Einstellungsentscheidung keine Bedenken haben darf. Alle müssen überzeugt sein, dass es der Richtige ist, für den sie sich entschieden haben.

Literatur

Apeloig, B (2009) Vom Umgang mit Gefühlen. In: Personal, Heft 1, 12-13
Damasio, A (2004) Decartes Irrtum – Fühlen, Denken und das menschliche Gehirn. List München
Drucker, P (1998) Die Praxis des Managements. Econ München
Ekman, P (2007) Gefühle lesen. Elsevier Heidelberg
Ekman, P (2011) Ich weiß, dass du lügst – Was Gesichter verraten. Rowohlt Reinbek
Goffman, I (2003) Wir alle spielen Theater. Piper München
Heinloth, Stefan(2011) Praxishandbuch für Führungskräfte. Hanser München
Klein, G (2003) Natürliche Entscheidungsprozesse. Junfermann Paderborn
Marcuse, L (2001) Philosophie des Unglücks. Diogenes Zürich
Müllerschön, A (2005) Bewerber professionell auswählen. Beltz Weinheim
Schulz von Thun, F (2011) Miteinander Reden – Band 1-3 Rowohlt Reinbek
Sennet, R (2009) Der flexible Mensch. Berliner Taschenbuchverlag
Trotha von, T (1998) Reden professionell vorbereiten. Walhalla Regensburg
Weber, M (2010) Die protestantische Ethik und der Geist des Kapitalismus. Beck München

Probezeit: Einstellungsentscheidung überprüfen

5.1 Beurteilung vor Ablauf der Probezeit

Da es in den ersten sechs Monaten keinen allgemeinen Kündigungsschutz gibt, beträgt die faktische Probezeit immer ein halbes Jahr. Beim Beurteilungsgespräch vor Ablauf der Probezeit muss der Vorgesetzte die Frage klären, ob die Mitarbeiterin für die Aufgabe geeignet ist. Er stellt seine eigene Eignungsbeurteilung bei der Einstellung auf den Prüfstein: War die Entscheidung richtig? Selbst wenn er die damalige Entscheidung richtig war, kann es Gründe geben, das Arbeitsverhältnis nicht fortzusetzen, zum Beispiel wenn die Integration in die Arbeitsgruppe nicht gelungen ist, die Akzeptanz bei Patienten, Kollegen und Vorgesetzten zu gering ist oder wenn sich nach fünf Monaten herausstellt, dass die Kompetenz nicht ausreicht und die Mitarbeiterin der Aufgabe nicht gewachsen ist.

5.2 Beurteilungsgespräch

Beim Beurteilungsgespräch könnte sich aber auch herausstellen, dass die Einarbeitung unzulänglich war und Mängel nicht der Mitarbeiterin zuzurechnen sind. In einem solchen Fall sollte das Unternehmen sich nicht trennen, sondern versuchen, der Mitarbeiterin die Chance zu geben, die Defizite auszugleichen. Vertraglich könnte man das Problem so lösen, dass man zunächst einen befristeten Arbeitsvertrag abschließt und vor Ablauf der Frist erneut ein Beurteilungsgespräch führt.

5.2.1 Gesprächseröffnung

Eine gute Voraussetzung für ein offenes Gespräch ist eine positive Eröffnung: Diese können Sie z.B. mit folgenden Sätzen einleiten.

- Es geht um Ihre Beurteilung vor Ablauf der Probezeit. Ich als Ihre Vorgesetzte werde die Beurteilung schreiben. Darüber möchte ich gerne mit Ihnen sprechen.
- Zunächst aber würde ich gerne von Ihnen wissen, wie Sie bisher die Probezeit erlebt haben. Wie ist die Einarbeitung verlaufen?

5.2.2 Gesprächsverlauf

Die Vorgesetzte gibt eine Rückmeldung über die bisherige Leistung. Es geht um eine realistische und faire Einschätzung, trotz aller Subjektivität. Zur Fairness gehört, der Mitarbeiterin die Chance zu geben, Einwände gegen die Beurteilung vorzubringen und darüber zu diskutieren. Eine faire Chefin ist bemüht, Beurteilungsfehler zu vermeiden, Willkür auszuschalten und nicht dem Halo-Effekt zu erliegen, d.h. die Sympathie überstrahlt alle Fehler und Schwächen.

Bevor Sie mit der Mitarbeiterin über die Beurteilung ihrer Leistung sprechen, sollten man sie bitten, eine Selbsteinschätzung abzugeben:

- Was gefällt Ihnen?
- Was missfällt Ihnen?
- Ist die Einarbeitung zu Ihrer Zufriedenheit verlaufen?

5.3 Beurteilung der Leistung

Wenn die Beurteilung negativ ausfällt, sollte die beurteilende Vorgesetzte damit rechnen, dass die Mitarbeiterin sich ungerecht behandelt fühlt. Es geht für die Bewerberin immerhin um ihren Arbeitsplatz. Eine negative Beurteilung ist immer auch ein Angriff auf das Selbstwertgefühl der Mitarbeiterin und damit auf ihre Identität.

Wenn die Vorgesetzte Bedenken hat, das Arbeitsverhältnis fortzusetzen, bedeutet dies die Kündigung. Nur in seltenen Fällen wird die Mitarbeiterin noch eine Chance bekommen, was eine Verlängerung der Probezeit bedeutet.

5.3.1 Gesprächsabschluss

Die Botschaft muss immer klar und eindeutig ausfallen. Folgende Formulierungen sind als Anregungen zu verstehen, die Sie gerne individuell an das Gespräch anpassen können. Vor Ablauf der Probezeit müssen Sie eine Entscheidung treffen. Es gibt drei Varianten:

1. Bei der Entscheidung, einen Mitarbeiter weiterhin zu beschäftigen:
   »Wir sind mit Ihrer Arbeit sehr zufrieden, möchten Sie gerne behalten.
   Ich werde deshalb vorschlagen, das Arbeitsverhältnis fortzusetzen.«

5

Probezeitbeurteilung

Beurteilende Vorgesetzte: Beate Winter, Pflegedienstleiterin

Beurteilung für Bärbel Klein, Altenpflegerin, Eintritt: 1.4. 2012

1. Ist die Einarbeitung nach Plan verlaufen?
- (Wenn nicht, bitte begründen und Vorschläge machen, wie das nachgeholt werden kann.)

- Einarbeitung verlief nach Plan. Es wurde zusätzlich vereinbart, dass Frau Klein in die Aufgaben der Einsatzleiterin eingearbeitet wird, damit sie evtl. die Urlaubsvertretung übernehmen kann.

2. Ist die Mitarbeiterin für die Aufgabe geeignet?
- Ja, sie ist fachlich kompetent, besitzt Erfahrung und kommt mit den Patienten und Kollegen schon ganz gut zurecht.
- Ihre PC-Kenntnisse sind nicht ausreichend. Es wird vereinbart, dass sie auf Firmenkosten so schnell wie möglich ein PC-Seminar besucht, um mehr Sicherheit zu bekommen.

3. Bestehen Bedenken gegen eine Fortsetzung des Arbeitsverhältnisses? (Befristetes bzw. unbefristetes)
- Nein.

4. Zielvereinbarung für das restliche Jahr
- Mitarbeit in der Projektgruppe „Aktualisierung der Qualitätssicherung"
- PC-Seminar

Hamburg, den 15. Juli 2012	Einverstanden:
Beate Winter, PDL	Bärbel Kunze
______________________	______________________

Abb. 5.1 Beispiel Probezeitbeurteilung

2. Bei der Entscheidung, den Mitarbeiter in der Probezeit zu entlassen: »Wir sind zu der Überzeugung gekommen, dass wir uns trennen sollten. Sie haben unsere Erwartungen leider nicht erfüllt, außerdem gibt es Schwierigkeit im Team. Wir haben in unserem letzten Gespräch schon ausführlich darüber gesprochen. Jetzt ist so weit.«
3. »Die Einarbeitung ist nicht ganz nach Plan verlaufen. An Ihrer Eignung gibt es für mich keine Zweifel. Doch Sie arbeiten nicht sorgfältig genug, es gibt Beschwerden. Sie bekommen noch eine Chance. Ich werde vorschlagen, Ihre Probezeit von drei auf sechs Monate zu verlängern. Wären Sie damit einverstanden?«

Die Pflegedienstleiterin kann zusammen mit dem Einsatzleiter und der neuen Mitarbeiterin einen Einarbeitungsplan entwerfen und monatliche Besprechungen vereinbaren.

5.3.2 Probezeitbeurteilung

Eine schriftliche Beurteilung vor Ablauf der Probezeit ist in jedem Fall zu empfehlen, um der Mitarbeiterin eine Information zu geben, wie Sie ihre bisherige Leistung beurteilen und wie es weitergeht, was die Mitarbeiterin noch lernen muss und wie das Unternehmen sie dabei unterstützen wird (◘ Abb. 5.1).

Zusammenfassung

Die Probezeit bietet das Korrektiv der Entscheidung. Das Instrument ist die Beurteilung vor Ablauf der Probezeit. Es könnte sein, dass man beim Auswahlverfahren einen Fehler gemacht und über eine Schwäche großzügig hinweg geschaut hat, oder weil die Bewerberin sehr sympathisch und charmant war. Oder der Bewerber war ein Blender, was man bei seiner geschliffenen Rede nicht bemerkt hat. Es kann auch am Bewerber selbst liegen, der mangelnden Qualifikation, der fehlenden Akzeptanz. Liegt es aber daran, dass die Einarbeitung unzulänglich war, dann wird man dem Bewerber noch eine Chance geben müssen.

Fallbeispiele aus der Praxis

6.1 Alten-, Gesundheits- und Krankenpfleger(in) – ambulante Pflege

Die Sozialstation eines Wohlfahrtverbandes in Hamburg sucht für die ambulante Pflege von alten, kranken und behinderten Menschen eine(n) Gesundheits- und Krankenpfleger(in) in Vollzeit. Frau Specht hat sich beworben.

6.1.1 Aufgaben und Anforderungen

- **Aufgaben**
- Grund- und Behandlungspflege
- Pflegeanamnese erheben
- Prophylaxen anwenden
- Pflegedokumentation
- Pflege von Sterbenden, Einbeziehung der Angehörigen
- Anleitung von Pflegehilfskräften und Praktikanten

- **Anforderungen**
- Berufserfahrung in der Gesundheits- und Kranken- und Altenpflege
- Gute körperliche und psychische Verfassung
- Selbstständiges Arbeiten
- Einfühlungsvermögen
- Lern- und Veränderungsbereitschaft
- Freude an der Arbeit mit alten und kranken Menschen
- Geschick bei der Anleitung von Pflegehilfskräften

6.1.2 Text Stellenanzeige (■ Abb. 6.1)

Es gibt gute Gründe, bei uns zu arbeiten

Wir betreuen und versorgen mit unserem ambulanten Pflegedienst kranke, behinderte und alte Menschen im Stadtteil G.

Wir suchen sofort eine(n) erfahrene(n)

Gesundheits- und Krankenpfleger(in)

für die Alten- und Krankenpflege als Vollzeitkraft, unbefristeter Arbeitsvertrag.

Sie haben Berufserfahrung, auch in der Sterbebegleitung

Sie arbeiten selbstständig und eigenverantwortlich

Sie besitzen Empathie und können zuhören

Sie machen ihre Arbeit mit Herz und Verstand

Sie sind körperlich belastbar und emotional stabil

Zu Ihren Aufgaben gehören:
- Grund- und Behandlungspflege
- Pflegeanamnese erheben
- Prophylaxen anwenden
- Pflege von Sterbenden
- Anleitung von Pflegehilfskräften

Wir bieten Ihnen ein leistungsgerechtes Gehalt und ein gutes Arbeitsklima.

Wir freuen uns auf Ihre Bewerbung. Online-Bewerbungen bitte an: E-Mail-Adresse

Wenn Sie Fragen haben, rufen Sie unseren Pflegedienstleiter, Herrn Sperling, an:
Tel. 040 1234567, XYZ - Sozialstation XYZ, Straße ABC 45, 2097 Hamburg

■ **Abb. 6.1** Stellenanzeige Gesundheits- und Krankenpflege

Interviewbogen Gesundheits- und Krankenpflege	
Anforderungen	**Fragen**
Einstieg	Beschreiben Sie uns Ihre jetzige Aufgabe. Beschreiben Sie einen typischen Arbeitstag. Warum sind Sie Gesundheits- und Krankenpflegerin geworden? Haben Sie Erfahrung in der Altenpflege?
Stärken/Arbeitsergebnisse	Welche Ihrer Stärken konnten Sie bei Ihrer Arbeit als Gesundheits- und Krankenpflegerin einsetzen? Wie beurteilt Ihre Chefin Ihre Leistung? Gibt es eine Rückmeldung? Kranken- und Altenpflege ist schwere Arbeit, auch körperlich. Wie kommen Sie damit zurecht? Was können Sie besonders gut, was liegt Ihnen weniger? Was missfällt Ihnen an Ihrer jetzigen Tätigkeit?
Weiterbildung	Was haben Sie in den letzten drei Jahren für Ihre berufliche Weiterbildung getan? Sind Sie ehrgeizig? Was wollen Sie beruflich noch erreichen?
Veränderungsbereitschaft	Wie beurteilen Sie die Veränderungen in der ambulanten Pflege in den letzten Jahren? Wie haben Sie sich darauf eingestellt?
Einfühlungsvermögen/ Freude an der Arbeit	Beschreiben Sie den Umgang mit Ihren Kunden/Patienten: Nähe, Distanz, Vertrauen. Wie ist Ihre Erfahrung bei der Begleitung von Sterbenden? Beziehen Sie die Angehörigen mit ein? Was bedeutet Ihnen die Arbeit mit Alten und Kranken? Was frustriert Sie bei dieser Arbeit?
Anleitung von Hilfskräften	Haben Sie Erfahrung bei der Anleitung von Pflegehilfskräften und Praktikanten?
STOPP	Informationen für den Bewerber über Aufgabe, Unternehmen, Weiterbildung
Gehalt/Eintrittstermin	Was ist Ihre Gehaltsvorstellung? Wann könnten Sie anfangen
Abschlussfragen	Was machen Sie in Ihrer Freizeit? Warum wollen Sie die Stelle wechseln? Nennen Sie uns drei Gründe, warum Sie die genau die Richtige sind und bei uns arbeiten wollen?

6.1.3 Interviewbogen erstellen

Jeder Interviewer erhält diesen Bogen mit den Fragen und Aufgaben vor dem Interview. Dieses Schema gibt dem Interview eine Struktur vor. Es werden nicht unbedingt alle Fragen und nicht nur diese Fragen gestellt, sondere auch andere, die sich erst beim Gespräch ergeben. Manchmal muss man auch nachfragen, um mehr Informationen zu bekommen oder auch, um Bewerber aus der Reserve zu locken.

6.1.4 Beginn des Interviews

Nach der Begrüßung der Bewerberin (Frau Specht) stellt die Leiterin der Sozialstation, Frau Vogel, ihre Mitarbeiter vor, die beim Interview dabei sind. Das sind Herr Sperling, der Pflegdienstleiter und Frau Meise, die Einsatzleiterin.

Tipp

Erläutern Sie kurz den Ablauf des Interviews. Wenn Sie außer Fragen auch Aufgaben stellen oder ein Rollenspiel vorbereitet haben, dann kündigen Sie das an, damit die Bewerberin weiß, was auf sie zukommt und sich darauf einstellen kann.

Beginnen Sie **nicht** damit, Ihr Unternehmen vorzustellen. Stellen Sie der Bewerberin gleich die erste Frage, damit sie aktiv wird und in Schwung kommt.

Interviewverlauf (Ausschnitt)

Frage: Was missfällt Ihnen an Ihrer jetzigen Tätigkeit?

Bewerberin: (schweigt, nachdenklich) Die Arbeit selbst ist es ja nicht. Ich bin gern Altenpflegerin. (schweigt)

Frage: Aber Sie sind unzufrieden?

Bewerberin: Man hat auch nicht viel Zeit für die Patienten, manchmal wird es schon zu viel. (Frau Specht schweigt wieder, Frau Vogel unterbricht das Schweigen nicht)

Bewerberin fährt fort: Man ist eigentlich immer auf Abruf, auch wenn man am Wochenende frei hat, kommt bestimmt wieder ein Anruf, dass man einspringen muss. Und das alles für den Mindestlohn.

▼

Frage: Sie fühlen sich nicht gerecht bezahlt?
Bewerberin: Alle bekommen den gleichen Lohn, den Mindestlohn eben, kein Weihnachtsgeld, nichts. Egal, ob man gut oder schlecht arbeitet.
Frage: Wie hoch sollte der Stundenlohn sein, wenn Sie bei uns arbeiten?
Bewerberin: Na ja, meine Freundin bekommt 10 Euro die Stunde und Weihnachtsgeld.
Interviewer: Über die Bezahlung reden wir später noch. Ich denke, wir werden uns schon einig werden.

6.1.5 Muster Eignungsbeurteilung

Diese Vorlage »Muster Eignungsbeurteilung Gesundheits- und Krankenpflege« erhalten alle Teilnehmer auf Unternehmensseite, um ihr Votum nach dem Interview abzugeben.

Name: Gisela Specht **Position:** Gesundheits- und Krankenpflege

Muster Eignungsbeurteilung Gesundheits- und Krankenpflege					
Anforderungen (Soll)	**Ausprägungsgrad (Ist)**				
	schwach	→	→	→	**stark**
	1	**2**	**3**	**4**	**5**
Berufserfahrung in der Kranken- und Altenpflege					x
Erfahrung Sterbebegleitung				x	
Stärken/Arbeitsergebnisse				x	
Weiterbildung		x			
Veränderungsbereitschaft			x		
Einfühlungsvermögen				x	
Freude an der Arbeit				x	
Anleitung von Hilfskräften				x	

6.1.6 Gesamteindruck

Frau Meise ist eine erfahrene Gesundheits- und Krankenpflegerin, die den Eindruck vermittelt, dass sie ein Herz für alte und kranke Menschen hat. Man hat bei ihr das Gefühl, dass die Kranken und Alten schnell Vertrauen zu ihr haben. Sie besitzt eine praktische Intelligenz und weiß sich auch in Notfällen zu helfen. Bei der Begleitung Sterbender findet sie die richtigen Worte, auch für die Angehörigen.

Zusammenfassende Beurteilung:
- **gut geeignet ☑**
- geeignet ☐
- nicht geeignet ☐

6.1.7 Entscheidung, Zusage

Es haben sich insgesamt fünf Bewerberinnen vorgestellt. Von diesen fünf wurden nur zwei mit »gut geeignet« beurteilt. Die drei Interviewer haben sich einmütig für Frau Specht entschieden. Frau Sprecht wird telefonisch darüber informiert. Sie ist einverstanden mit den Bedingungen. Sie erhält darüber hinaus eine schriftliche Zusage (◼ Abb. 6.2).

6.2 Pflegedienstleiter(in) stationäre Pflege

6.2.1 Aufgaben und Anforderungen

▪ **Aufgaben**
- Führen des Pflegepersonals (23 Mitarbeiter)
- Personalplanung
- Suche und Auswahl des Pflegepersonals (Gesundheits- und Kranken- und Altenpflege)
- Einsatz- und Pflegeplanung
- Qualitätssicherung
- Budgetüberwachung

Ihre Bewerbung als Alten- und Krankenpflegerin

Sehr geehrte Frau Specht,

wir freuen uns über Ihre Zusage, ab 1. März 2012 für uns zu arbeiten. Wir schicken Ihnen als Anlage Ihren Arbeitsvertrag in 2-facher Ausfertigung und bitten Sie, ein Exemplar unterschrieben an uns zurückzuschicken.

Wir sind gerade dabei einen Einarbeitungsplan zu erstellen und möchten auch gerne die Kollegen am Schwarzen Brett darüber informieren, dass Sie künftig für uns arbeiten. Wenn Sie einverstanden sind, werden wir auch ein Foto von Ihnen beifügen. Bitte schicken Sie uns noch ein Foto; wir können aber auch das Bewerbungsfoto für diesen Zweck nehmen.

Wir freuen uns auf Sie und erwarten Sie am 1. März 2012, gegen 9.00 Uhr.

Bis dahin.

Mit freundlichen Grüßen

Heike Krause
Personalbüro

Abb. 6.2 Zusage

- Supervision (Aufsicht, Kontrolle, Leitung)
- Qualifizierung, Weiterbildung
- Mitarbeiterbeurteilung (Jahresgespräche)

- **Anforderungen**
- Gesetzliche Vorgaben nach SGB XI
- Studium Gesundheits- und Pflegemanagement
- Führungserfahrung im Pflegemanagement
- Organisationstalent
- Erfahrung in der Projektarbeit (wünschenswert)
- Veränderungsbereitschaft, Flexibilität
- IT-Kenntnisse

6.2.2 Interviewbogen erstellen

Jeder Interviewer erhält diesen Bogen mit den Fragen und Aufgaben. Dieses Schema gibt dem Interview die Struktur. Es werden nicht alle Fragen, aber auch nicht nur diese Fragen gestellt, sondere auch andere, die sich erst beim Gespräch ergeben. Manchmal muss man auch nachfragen, um mehr Informationen zu bekommen oder auch, um die Bewerber aus der Reserve zu locken.

Interviewbogen Pflegedienstleitung	
Anforderungen	**Fragen**
Einstieg	Erzählen Sie uns etwas über sich, Ihren beruflichen Werdegang und ihr Studium. Beschreiben Sie in aller Kürze einen typischen Arbeitstag
Fachliche Kompetenz/ Stärken/ Arbeits-ergebnisse	Erzählen Sie uns etwas über Ihre berufliche Erfahrung in der Pflege? Welche Ihrer Stärken konnten Sie bei Ihrer Arbeit in der Pflege einsetzen? Erzählen Sie uns eine persönliche Erfolgsgeschichte. Durch Misserfolge glänzen Erfolge umso mehr. Was war Ihr größter Flop? Wie beurteilt Ihr Chef Ihre Leistung? Was haben Sie in Ihrer jetzigen Position in den letzten zwei Jahren angeregt und in die Wege geleitet? Was missfällt Ihnen an Ihrer jetzigen Tätigkeit?

Interviewbogen Pflegedienstleitung	
Anforderungen	**Fragen**
Weiterbildung	Was haben Sie in den letzten zwei Jahren für Ihre berufliche Weiterbildung getan? Was wollen Sie unbedingt noch lernen? Sind Sie ehrgeizig? Was wollen Sie beruflich noch erreichen?
Veränderungsbereitschaft	Wie beurteilen Sie die Veränderungen in der Pflege in den letzten Jahren? Wie haben Sie sich darauf eingestellt?
Organisationstalent	Wie stark ist Ihr Organisationstalent ausgeprägt? Können Sie uns ein Beispiel geben?
Führungsqualitäten	Wie führen Sie ihre Mitarbeiter? Werden Sie als autoritär wahrgenommen? Manchmal gibt es Ärger mit den Mitarbeitern. Wie lösen Sie Konflikte? Können Sie ein Beispiel nennen? Woher wissen Sie, dass Sie als Chef akzeptiert sind? Rollenspiel »Innere Kündigung« (► Abschn. 6.2.3, Vorbereitungszeit 15 Minuten)
STOPP	Information für den Bewerber: Aufgabe, Unternehmen, Weiterbildung
Gehalt/Eintrittstermin	Was ist Ihre Gehaltsvorstellung? Wann könnten Sie anfangen?
Abschlussfragen	Wie steht es mit Ihren IT-Kenntnissen? Was machen Sie in Ihrer Freizeit? Warum wollen Sie die Stelle wechseln? Nennen Sie uns ein paar Gründe, warum Sie der Richtige für diese Position sind?

6.2.3 Rollenanweisung »Innere Kündigung«

Für den Bewerber:

»Sie haben gerade eine neue Stelle als Leiter eines stationären Pflegedienstes angetreten und müssen nach kurzer Zeit feststellen, dass Ihr Stellvertreter und Einsatzleiter Hans A. seine Arbeit recht lustlos verrichtet, sich passiv verhält, keine Vorschläge macht und bei Besprechungen keine Beiträge liefert. Sie haben

den Eindruck, dass es sich um einen typischen Fall von »innerer Kündigung« handelt.« [1]
Vorbereitungszeit: 15 Minuten

Für den Mitarbeiter, der von einem Interviewer gespielt wird:
»Seien Sie sehr reserviert und wortkarg. Rücken Sie erst nach hartnäckigem Nachfragen mit der Sprache heraus: Wegen Ihrer letzten guten Beurteilung haben Sie sich selbst Hoffnungen auf die Stelle gemacht. Jetzt sind Sie frustriert! Sie überlegen noch, ob Sie nicht doch die Stelle wechseln sollen. (▶ Informationen zum Thema »Innere Kündigung«)

Informationen zum Thema »Innere Kündigung«

Jeder Mitarbeiter in einem Unternehmen weiß, was »innere Kündigung« bedeutet. Vor allem in größeren Unternehmen ist es teilweise sehr verbreitet, nicht mehr mitzumachen und nur noch das Notwendigste zu tun.
Bevor es aber in letzter Konsequenz zur Trennung kommt, sollte man sehr wohl versuchen, den Mitarbeiter wieder ins Boot zu holen. In Gesprächen mit dem Mitarbeiter sollte ein Chef klären, warum der Mitarbeiter sich verweigert. Das können viele Gründe sein. Es kann zum Beispiel sein, dass der Mitarbeiter von den Kollegen nicht angenommen und von seinem Chef nicht akzeptiert wird. Man muss herausfinden, warum man ihn nicht mag und ihn deshalb links liegen lässt. Vielleicht hat er keine Lust, sich dem Diktat eines autoritären Chefs zu unterwerfen? Oder er hat das Gefühl, dass seine Meinung nicht gefragt ist. Möglich ist auch, dass der Mitarbeiter schon auf dem Absprung ist und jedes Werben vergeblich wäre.

---

1 Außer dem Namen ist dies der exakte Wortlaut wie in 4.6. Ist das so gewünscht oder möchten Sie ein anderes Beispiel aufführen?

6.2.4 Interviewverlauf (Auszug)

Anforderungskriterium: Stärken, Arbeitsergebnisse

Frage: Was sind Ihre Stärken, Fähigkeiten, die Sie bei Ihrer Arbeit einsetzen können?

Bewerber: Ich bin ziemlich fit auf dem Computer und kann auch meinen Kollegen helfen, wenn Fehler auftreten.

Frage: Können Sie ein Beispiel nennen?

Bewerber: Na ja, ich mache die Dienstpläne und habe mir Übersichten angelegt, dass ich auf Anhieb sagen kann, wer wo im Einsatz ist und wenn sich eine Mitarbeiterin krank meldet, kann ich sofort für Ersatz sorgen.

Frage: Nun läuft nicht immer alles glatt. Was ist total schief gelaufen, für das Sie die Verantwortung hatten?

Bewerber: (Schweigen, denkt nach) Auf Anhieb fällt mir nichts ein.

Frage: War Ihre Chefin immer zufrieden mit Ihnen?

Bewerber: Immer nicht, aber sie war immer sehr nachsichtig, wenn mir ein Fehler unterlaufen ist. Es gab schon hin und wieder Beschwerden von Kunden, darum hat sich dann die Chefin selbst gekümmert.

Frage: Gibt es kein Qualitätsmanagement bei Ihnen?

Bewerber: Doch schon, aber damit hatte ich nichts zu tun.

6.2.5 Eignungsbeurteilung

Name: Jens Lehmann **Position:** Pflegedienstleiter

Muster Eignungsbeurteilung Pflegedienstleitung					
Anforderungen (Soll)	**Ausprägungsgrad (Ist)**				
	schwach	→	→	→	stark
	1	2	3	4	5
Gesetzliche Vorgaben SGB, Studium				x	
Weiterbildung	x				
Stärken/Arbeitsergebnisse			x		
Organisationstalent			x		
IT-Kenntnisse				x	
Veränderungsbereitschaft		x			
Initiative	x				
Führungsqualitäten	x				

6.2.6 Gesamteindruck

Herr Lehmann hat eine Ausbildung als Gesundheits- und Krankenpfleger und das Studium »Gesundheits- und Pflegemanagement« mit dem Bachelor-Abschluss beendet. Seit drei Jahren ist er als Einsatzleiter in der stationären Pflege tätig. Er bewirbt sich für die Stelle einer Pflegedienstleitung (◘ Abb. 6.3).

Herr Lehmann macht im Interview einen unsicheren Eindruck, drückt sich nicht sehr präzise aus. Er hat wenig Führungserfahrung und findet sich in der Rolle einer Führungskraft noch nicht zurecht. Seine Selbstreflexion ist kaum aus-

Möchten Sie in der attraktivsten Großstadt Deutschlands arbeiten?

Wir sind ein gemeinnütziges Krankenhaus mit 600 Betten und den Behandlungsschwerpunkten Altersmedizin, Herzmedizin, Onkologie, Orthopädie und Innere Medizin.

Wir suchen sofort eine(n) erfahrene(n)

Pflegedienstleiter(in)

für die stationäre Gesundheits- und Krankenpflege als Vollzeitkraft mit unbefristetem Arbeitsvertrag.

Was wir von Ihnen erwarten:

Sie haben ein Studium Pflegemanagement oder eine Weiterbildung zum PDL erfolgreich beendet

Sie haben bereits Führungserfahrung

Sie besitzen Empathie und können zuhören

Sie sind Veränderungen gegenüber aufgeschlossen

Sie besitzen Organisationstalent und gute IT-Kenntnisse

Ihre Aufgaben
- Einsatz und Führung des Pflegepersonals (18 Mitarbeiter)
- Personalplanung
- Einsatz- und Pflegeplanung
- Suche und Auswahl von Pflegepersonal
- Qualitätssicherung
- Budgetüberwachung
- Supervision (Aufsicht, Kontrolle, Leitung)

Wir bieten
- Vergütung nach TVöD-L, inkl. betriebliche Altersversorgung
- Unterstützung bei der beruflichen Weiterbildung
- Wir helfen Ihnen bei der Wohnungssuche bzw. bieten Ihnen eine Personalwohnung
- Betreuungsplätze für Ihre Kinder (KITA)

Wir freuen uns auf Ihre Bewerbung per Post oder online

Weitere Informationen auf unserer Homepage:
www.gemeinnütziges-krankenhaus-hamburg.de

Abb. 6.3 Text Stellenanzeige Pflegedienstleitung

6

Ihre Bewerbung als Pflegedienstleiter

Sehr geehrter Herr Lehmann,

wir hatten vorige Woche Gelegenheit, Sie persönlich kennen zu lernen. Im Interview haben Sie den Eindruck vermittelt, dass Sie qualifiziert sind, aber nur geringe Führungserfahrung besitzen. Wir haben deshalb einem anderen Bewerber mit mehr Führungserfahrung den Vorzug gegeben.

Wir wünschen Ihnen viel Glück und Erfolg bei der Stellensuche und schicken Ihnen Ihre Bewerbungsunterlagen zurück.

Mit freundlichen Grüßen

Hans Platzek

Personalreferent

Abb. 6.4 Absage

geprägt; bei der Frage nach Misserfolgen fiel ihm nichts ein. Beim Rollenspiel hat er total versagt.

Herr Lehmann wirkt mit seinen 30 Jahren noch sehr jugendlich und ziemlich unerfahren und ist deshalb für diese Führungsposition noch nicht reif genug. Er erhält eine Absage (Abb. 6.4).

Zusammenfassende Beurteilung:
- gut geeignet ☐
- geeignet ☐
- **nicht geeignet ☑**

6.2.7 Interne Stellenausschreibung

Frau Schwarz arbeitet seit vielen Jahren als Einsatzleiterin im ambulanten Pflegedienst. Sie ist außerdem die Stellvertreterin des Pflegedienstleiters bei Urlaub. Als in ihrem Haus die Stelle einer Pflegedienstleitung intern ausgeschrieben wird, bewirbt sie sich.

Es gibt Unternehmen, die großen Wert darauf legen, Führungspositionen aus den eigenen Reihen zu besetzen. Das hat den Vorzug, dass talentierte, ehrgeizige Nachwuchskräfte nicht die Stelle wechseln müssen, um aufzusteigen.

Im Beispiel wird die Stelle intern ausgeschrieben, was auch der Betriebsrat nach § 93 Betriebsverfassungsgesetz verlangen kann. Interessierte Bewerber müssen keine Bewerbungsunterlagen einreichen. Es genügt, wenn sie ihrem direkten Vorgesetzten ihr Interesse mitteilen. Im Idealfall enthält die Personalakte ein Kompetenzprofil, das aktualisiert und zusammen mit einer Empfehlung oder Beurteilung des Vorgesetzten an die Personalabteilung weiter geleitet wird. Frau Schwarz hat Ihrem Chef mitgeteilt, dass sie an dieser Position sehr interessiert sei. Hier ihr Qualifikationsprofil.

Qualifikationsprofil

Name: Maria Schwarz, geboren am 9. Mai 1977

Ausbildung: Gesundheits- und Krankenpflegerin

Werdegang: 1.4.2004 bis 30. 6. 2010 Stationsschwester
1.7.2010 bis jetzt Einsatzleiterin ambulante Pflege

Weiterbildung:

4. 2009–2010: Lehrgang (berufsbegleitend) »Verantwortlich leitende Pflegkraft (§ 71 SGB XI) bei der Wernerschule DRK, Göttingen
5. Seminare: MS-Office, Qualitätsmanagement, Gesprächsführung

▼

Projektarbeit
1. Mitarbeit in der Projektgruppe »Bezugspflege«
2. Mitarbeit beim Projekt »Qualitätsstandards«

6.2.8 Eignungsbeurteilung für die Position »Pflegedienstleiterin«

■ Abb. 6.5

Eignungsbeurteilung für die Position „Pflegedienstleiterin"

Frau Schwarz ist am 1. April 2004 als Stationsschwester bei uns eingetreten und seit 1. Juli 2010 als Einsatzleiterin im ambulanten Pflegedienst eingesetzt. Sie ist außerdem die Stellvertreterin des Pflegedienstleiters bei Urlaub. Sie hat im letzten Jahr ein halbes Jahr lang den ambulanten Pflegedienst selbstständig und verantwortlich geleitet, weil der Stelleninhaber wegen Krankheit ausfiel. In dieser Zeit hat sie schnell das Vertrauen ihrer Mitarbeiter gewonnen. Sie kann zuhören, ist kooperativ und unterstützt ihre Mitarbeiter bei ihren Aufgaben.

Frau Schwarz ist ehrgeizig und mit Begeisterung bei der Sache. Sie hat in Projektgruppen engagiert mitgearbeitet. Als Einsatzleiterin hat sie gute Arbeit geleistet. Sie besitzt Einfühlungsvermögen, bezieht die Mitarbeiter bei Entscheidungen mit ein und wird als Führungskraft akzeptiert. Sie ist neugierig, lernt ständig dazu und sucht immer nach neuen Wegen und Lösungen. Sie besitzt Durchsetzungsvermögen und sieht Fehler als Chance an, es künftig besser zu machen.

Frau Schwarz ist nach meiner Einschätzung als Pflegedienstleiterin gut geeignet.

Ort, den 1. Juni 2012

Beate Sommer
Pflegedirektorin

■ **Abb. 6.5** Eignungsbeurteilung

6.2.9 Entscheidung

Vor der Entscheidung findet noch ein Gespräch mit Frau Schwarz statt (kein Interview), an dem der Personalleiter, der Personalreferent und die Pflegedirektorin teilnehmen. Man verständigt sich über die Arbeitsbedingungen und den Zeitpunkt und überzeugt sich noch einmal davon, ob Frau Schwarz den Eindruck bestätigt, dass sie mit Freude und Engagement die Stelle ausfüllen wird.

6.3 Auszubildende Gesundheits- und Krankenpfleger(in)

6.3.1 Wer ist geeignet?

» Die Guten ins Töpfchen,
die Schlechten ins Kröpfchen. (Aschenputtel) «

Die wichtigste Voraussetzung ist in jedem Falle die Neigung oder gar die Begeisterung für den künftigen Beruf. Eine positive Entscheidung über die Eignung eines Bewerbers bleibt trotz allem eine Prognose. Ob ein Bewerber die richtigen Fähigkeiten und Stärken besitzt, um seine Berufsausbildung erfolgreich zu beenden und den Erwartungen des Unternehmens entspricht, weiß man bei der Einstellung nicht so genau. Junge Menschen kennen sich selbst noch nicht gut genug, wissen noch nicht, wo ihre Begabungen liegen und welchen Beruf sie ergreifen sollen.

Aus der Sicht eines Bewerbers um einen Ausbildungsplatz ist es richtig, sich für den Traumberuf zu entscheiden. Für ein Unternehmen kommt es darauf an, junge Menschen zu finden, denen man die Leidenschaft, die Begeisterung oder zumindest ein starkes Interesse am ausgewählten Beruf anmerkt. Außerdem muss ein Unternehmen noch herausfinden, ob der Bewerber für diese Berufsausbildung geeignet ist. Bei manchen Unternehmen müssen sich die Bewerber um einen Ausbildungsplatz einem Wissens- und Intelligenztests unterziehen. Wer bei den Tests schlecht abschneidet, wird schnell als Versager stigmatisiert. Mit der Eignung für einen bestimmten Beruf haben diese Tests nicht viel zu tun. Warum machen Unternehmen das? Sie glauben daran, dass ihnen die Wissenschaft die Entscheidung abnimmt, wer gut geeignet ist und deshalb eingestellt wird.

Die wohl beste Methode, geeignete Bewerber zu finden, ist das Praktikum. Eine Pflegeeinrichtung sollte deshalb genügend Praktikumsplätze zur Verfügung stellen und die fähigen und interessierten Praktikanten vor Ende der Schulausbildung zu einem Gespräch einladen, bevor es die Konkurrenz macht.

6.3.2 Anforderungen

- Guter Hauptschulabschluss, Mittlere Reife
- Freude, Interesse am Beruf
- Neugierde, offen für Neues
- Lern- und Veränderungsbereitschaft
- Selbstdisziplin
- Soziale Fähigkeiten: Kontaktfähigkeit, Empathie, Verträglichkeit

6.3.3 Interviewbogen erstellen

Interviewbogen Ausbildung Gesundheits- und Krankenpflege

Anforderungen	Fragen
Einstieg (Schule)	Was macht die Schule? Hast Du Lieblingsfächer? In welchen Fächern hast Du gute Noten? In welchen Fächern schlechte und warum? Hast Du in der Schule Aufgaben übernommen (z.B. Klassensprecher)?
Begeisterung für den Beruf	Warum willst Du Gesundheits- und Krankenpflegerin werden? Ist das Dein Traumberuf? Wenn es nicht klappt, was machst Du dann? Hast Du ein Praktikum gemacht? Erzähl uns davon.
Verantwortungs-bereitschaft/Durch-haltevermögen	Welche Aufgaben hast Du in der Familie übernommen? Eine Sache, die man anfängt, muss man auch zu Ende bringen. Kannst Du uns ein persönliches Beispiel geben?
Aktivitäten außer-halb der Schule	Wie verbringst Du deine Freizeit? Treibst Du Sport? Gehörst Du einem Verein an? Was ist Deine Lieblingsbeschäftigung?
Kontaktfähigkeit/ Empathie ▼	Lernst Du gerne neue Leute kennen? Was macht Dir neben der Schule Spaß?

Interviewbogen Ausbildung Gesundheits- und Krankenpflege	
Anforderungen	**Fragen**
Verträglichkeit	Wie kommst Du mit anderen Menschen klar, mit Lehrern, Mitschülern, Eltern, Geschwistern?
Lernbereitschaft/ Stärken	Was willst Du unbedingt noch lernen? Was kannst Du am Besten? Was ist Deine größte Stärke, die Du im Beruf einsetzen kannst?
Abschlussfragen	Bist Du ehrgeizig? Was möchtest Du im Leben erreichen? Nenne uns drei Gründe, warum wir Dich als Auszubildende nehmen sollten?

Auszug aus dem Interview

(Man hat vor dem Interview vereinbart, dass der Interviewer »Du« sagt.)

Frage: Was ist Deine größte Stärke, die du im Beruf einsetzen kannst?

Antwort: Tja, wie soll ich das sagen? Ich kann mich ganz gut ausdrücken, weiß meistens, was ich will, und komme sogar mit den Lehrern zurecht, obwohl ich Klassensprecherin bin.

Frage: Es geht hier auch nicht um einen Job als Moderatorin beim Fernsehen, sondern um die Pflege von Alten und Kranken.

Antwort: Meine Oma ist in einem Pflegeheim. Ich besuche sie öfter und dann trinken wir Kaffee im Aufenthaltsraum, zusammen mit den andern. Ich rede gerne mit meiner Oma, aber auch mit den anderen Heimbewohnern. Sie freuen sich immer, wenn ich komme. Jeder erzählt was, manchmal ist das ganz lustig. Ich fühle mich wohl in dieser Umgebung.

Frage: Kranke und Alte zu pflegen ist auch körperlich anstrengend. Du bist aber eher zart gebaut.

Antwort: Ach, da machen Sie sich mal keine Sorgen. Ich bin körperlich fit. Ich bin im Sportverein und spiele jede Woche Fußball.

Frage: Ich möchte dir einen Vorschlag machen. Du hast kein Praktikum bei uns gemacht. Wie wäre es, wenn du einmal ein Wochenende bei uns verbringst, um die praktische Arbeit kennen zu lernen?

Antwort: Das mache ich gerne! Wann soll ich kommen?

6.3.4 Eignungsbeurteilung

Name: Gisela Lang **Position:** Azubi Gesundheits- und Krankenpflegerin

Muster Eignungsbeurteilung Auszubildender Gesundheits- und Krankenpflege					
Anforderungen (Soll)	**Ausprägungsgrad (Ist)**				
	schwach	**→**	**→**	**→**	**stark**
	1	**2**	**3**	**4**	**5**
Begeisterung für den Beruf					x
Verantwortungsbereitschaft				x	
Durchhaltevermögen				x	
Lernbereitschaft, offen für Neues				x	
Kontaktfähigkeit					x
Verträglichkeit				x	
Körperliche Eignung			x		

6.3.5 Gesamteindruck

Fisches, aufgewecktes Mädchen: offen, kommunikativ, neugierig, lebendig und aufgeschlossen für Neues. Sie kommt mit anderen gut zurecht. Weiß, was auf sie zukommt. Beendet die Schule mit der Mittleren Reife.

Zusammenfassende Beurteilung:
- **gut geeignet** ☑
- geeignet ☐
- nicht geeignet ☐

(Es wurde vereinbart, dass Gisela Lange ein »Schnupper-Wochenende« bei uns verbringt, um auch die praktische Arbeit besser kennen zu lernen. Bei positivem Verlauf steht einer Ausbildung nichts mehr im Wege.

6.4 Fachkrankenpfleger(in) Intensivpflege/Anästhesie

Ein Krankenhaus mit 190 Betten sucht eine Fachkrankenpflegerin (w/m) Intensivpflege und Anästhesie. Heike Stolz bewirbt sich auf die Stelle.

6.4.1 Aufgaben und Anforderungen

- **Aufgaben**
  - Vorbereitung und Assistenz bei der Diagnostik
  - Durchführung von Notmaßnahmen und Einleiten der Reanimation
  - Monitoring
  - Pflegedokumentation
  - Betreuung im OP-Bereich: Von der Aufwachstation bis zur Verlegung

- **Anforderungen**
  - Fachweiterbildung und Berufserfahrung in der Anästhesie
  - Gute körperliche und psychische Verfassung
  - Einfühlungsvermögen
  - Zuverlässigkeit
  - Lern- und Veränderungsbereitschaft

6.4.2 Text Stellenanzeige Fachkrankenpflege Intensivpflege/Anästhesie

■ Abb. 6.6

Arbeiten, wo andere Urlaub machen

Wir sind mit 190 Betten ein Spital in der Stadt ABC für die Grund- und Regelversorgung im schönen Schwarzwald.

Wir suchen per sofort eine(n)

Fachkrankenpfleger(in) Intensivpflege/Anästhesie

als Vollzeitkraft mit unbefristetem Arbeitsvertrag.

Anforderungen

- Fachweiterbildung und erste Berufserfahrung in der Anästhesie
- Gute körperliche und psychische Verfassung
- Empathie
- Zuverlässigkeit
- Lern- und Veränderungsbereitschaft

Aufgaben

- Vorbereitung und Assistenz bei der Diagnostik
- Durchführung von Notmaßnahmen und Einleiten der Reanimation
- Patienten-Monitoring
- Betreuung im OP-Bereich: Von der Aufwachstation bis zur Verlegung

Wir bieten:

- Bezahlung nach TVöD-K plus übertariflicher Zulage
- Hilfe bei der Wohnungssuche
- Beteiligung an den Umzugskosten
- Weiterbildung

Wir freuen uns auf Ihre Bewerbung, online oder per Post. Weitere Informationen hier: www.spital-abc.de Wenn Sie Fragen haben, rufen Sie unseren Pflegedirektor, Herrn Krause an: Tel. 0001234567.

■ **Abb. 6.6** Text Stellenanzeige Fachkrankenpflege Intensivpflege/Anästhesie

6.4.3 Interviewbogen erstellen

Jeder Interviewer erhält diesen Bogen mit den Fragen und Aufgaben. Dieses Schema gibt dem Interview die Struktur. Es werden nicht nur diese Fragen gestellt, sondere auch andere, die sich erst beim Gespräch ergeben. Manchmal muss man auch nachfragen, um mehr Informationen zu bekommen oder auch, um die Bewerber aus der Reserve zu locken.

Interviewbogen Fachkrankenpflege Intensivpflege/Anästhesie

Anforderungen	Fragen
Einstieg	Beschreiben Sie einen typischen Arbeitstag. Warum sind Sie Krankenpfleger(in) geworden und später Fachkrankenschwester Anästhesie?
Stärken/Arbeitsergebnisse	Welche Ihrer Stärken konnten Sie bei Ihrer Arbeit in der Intensivpflege und Anästhesie einsetzen? Ist Ihr Chef mit Ihnen zufrieden? Intensivpflege ist harte Arbeit, auch körperlich. Wie kommen Sie damit zurecht? Wie gehen Sie mit Stress um? Was missfällt Ihnen an Ihrer jetzigen Tätigkeit?
Weiterbildung	Was haben Sie in den letzten drei Jahren für Ihre berufliche Weiterbildung getan? Sind Sie ehrgeizig? Was wollen Sie beruflich noch erreichen?
Veränderungsbereitschaft	Wie beurteilen Sie die Veränderungen in der Pflege in den letzten Jahren? Wie haben Sie sich darauf eingestellt?
Einfühlungsvermögen/ Freude an der Arbeit	Beschreiben Sie den Umgang mit Ihren Kunden/Patienten: Nähe, Distanz, Vertrauen. Was bedeutet Ihnen die Arbeit mit Kranken? Was frustriert Sie bei dieser Arbeit?
Anleitung von Auszubildenden und Praktikanten	Haben Sie Erfahrung bei der Anleitung von Auszubildenden und Praktikanten?
STOPP	Informationen für den Bewerber über Aufgabe, Unternehmen, Weiterbildung
Gehalt/ Eintrittstermin	Was ist Ihre Gehaltsvorstellung? Wann könnten Sie anfangen?

6.4.4 Auszug Interview (Thema Stress)

Frage: Manchmal geht es heiß her, wie Sie uns vorhin erzählt haben, wenn Unfallopfer eingeliefert werden. Da kommt Stress auf. Wie gehen Sie damit um?
Bewerberin: Sich vorzunehmen, cool zu bleiben, hilft wenig. Wenn man sieht, wie manche zugerichtet sind, das geht einem schon nahe. Stress kommt auf, weil alles schnell gehen muss. Bei einer normalen OP geht es ruhiger und entspannter zu.
Frage: Wenn Sie wieder eine aufregende Nacht mit Notfallpatienten hinter sich haben, können Sie dann tagsüber schlafen?
Antwort: Manchmal nicht. Ich mache dann Übungen, um mich zu beruhigen und zu entspannen. Das hilft oft. Ich habe einmal an einem Anti-Stress-Training teilgenommen. Wenn ich am nächsten Tag frei habe, geht es mir ganz schnell wieder besser.
Frage: Und was machen an einem freien Tag?
Antwort: Dies und das. Einkaufen, mit meiner Freundin treffen oder bei gutem Wetter eine Radtour. Danach geht es mir wieder gut.
Frage: Haben Sie öfter das Gefühl, dass Sie den falschen Beruf haben?
Antwort: Nein, überhaupt nicht. Ich mache meine Arbeit gerne.
Frage: Haben Sie den keine Angst vor Burnout?
Antwort: Eigentlich nicht, vielleicht ein bisschen. Immer dann, wenn man über eine Kollegin davon hört. Für mich ist auch wichtig, dass ich auch noch andere Interessen habe. Ich lese gerne und mache lange Spaziergänge mit meinem Hund.

6.4.5 Eignungsbeurteilung

Name: Heike Stolz **Position:** Fachkrankenpfleger(in) Anästhesie

Muster Eignungsbeurteilung Fachkrankenpflege Intensivpflege/Anäst					
Anforderungen (Soll)	**Ausprägungsgrad (Ist)**				
	schwach	**→**	**→**	**→**	**stark**
	1	**2**	**3**	**4**	**5**
Berufserfahrung in der Krankenpflege und Anästhesie					x
Weiterbildung Fachkrankenpfleger(in)				x	
Stärken/Arbeitsergebnisse				x	
Empathie				x	
Lern- und Veränderungsbereitschaft				x	
Zuverlässigkeit				x	
Stressbewältigung				x	

6.4.6 Gesamteindruck

Frau Stolz ist eine aufgeschlossene, hellwache Bewerberin, die ruhig und überlegt an ihre Aufgaben herangeht. Sie hat eine gute fachliche und soziale Kompetenz, besitzt Empathie und vermittelt den Eindruck, dass sie in ihrem Beruf aufgeht. Mit Stress kann sie gut umgehen. Frau Stolz steht in einem ungekündigten Arbeitsverhältnis und möchte aus persönlichen Gründen den Arbeitgeber wechseln.

6.4.7 Entscheidung/Zusage

Alle, die seitens des Unternehmens am Interview teilgenommen haben, sind der Überzeugung, dass sie die Richtige für die Position ist. Der Personal- und Verwaltungsleiter der Klinik übermittelt die Zusage telefonisch, holt ihr Einverständnis ein, klärt noch einmal, wann und zu welchen Bedingungen sie ihre Stelle antritt. Der Personalleiter verabschiedet sich und sagt zu, den schriftlichen Arbeitsvertrag so schnell wie möglich an Sie abzuschicken.

Zusammenfassende Beurteilung:
- **gut geeignet ☑**
- geeignet ☐
- nicht geeignet ☐

6.5 Leiter(in) Sozialstation

Der Kreisverband einer großen Wohlfahrtsorganisation in Hamburg sucht für die Sozialstation eine(n) Leiter(in). Die Stellenausschreibung innerhalb des Verbandes blieb erfolglos. Der Kreisverband hat sich entschlossen, eine Anzeige im Hamburger Abendblatt zu schalten (■ Abb. 6.7). Frau Kunze hat sich online beworben und eine Einladung zum Interview bekommen.

6.5.1 Aufgaben und Anforderungen

- **Aufgaben**
- Personalverantwortung (110 Mitarbeiter)
- Akquisition (Konzeption und Umsetzung)
- Haushaltsplan erstellen und überwachen
- Personalplanung
- Suche und Auswahl von Personal
- Mitarbeiter- und Kündigungsgespräche
- Aus- und Weiterbildung (Auszubildende, Praktikanten, Pflegkräfte)
- Qualitätssicherung

Wir betreuen seit 40 Jahren pflege- und hilfsbedürftige Menschen im Stadtteil X in ABC und bieten: Häusliche Pflege, Hausnotruf-Betreuung, Betreuung von Demenzkranken, ambulante Palliativpflege und ambulante psychiatrische Betreuung.

Wir suchen zum 1. April 2012 eine(n) erfahrene(n)

Leiter(in) der Sozialstation

Was wir erwarten

Sie haben ein Studium Pflegemanagement bzw. Betriebswirtschaft erfolgreich beendet oder vergleichbare Kenntnisse.

Sie haben bereits erfolgreich als Führungskraft im Pflegemanagement gearbeitet und Erfahrung in der Leitung von Projektgruppen.

Sie besitzen Empathie und können zuhören

Sie besitzen Organisationstalent und gute IT-Kenntnisse

Ihre Aufgaben

- Personalverantwortung (110 Mitarbeiter
- Akquisition (Konzeption und Umsetzung)
- Haushaltsplan erstellen und überwachen
- Personalplanung
- Suche und Auswahl von Personal
- Mitarbeitergespräche, Jahresgespräche
- Aus- und Weiterbildung (Auszubildende, Praktikanten, Pflegekräfte)
- Qualitätssicherung

Wir bieten

- Leistungsgerechte Vergütung und betriebliche Altersversorgung
- Wir helfen Ihnen bei der Wohnungssuche
- Betreuungsplätze für Ihre Kinder (KITA)

Wir freuen uns auf Ihre Bewerbung per Post oder online .

Weitere Informationen auf unserer Homepage:
www.abc-sozialstation@xxxhamburg.de

Abb. 6.7 Text Stellenanzeige Leitung Sozialstation

- **Anforderungen**
  - Studium Pflegemanagement oder Betriebswirtschaft
  - Berufserfahrung als Führungskraft in der Pflege
  - Erfahrung in der Projektarbeit
  - Soziale Kompetenz: Empathie, Kommunikations- und Konfliktfähigkeit
  - Organisationstalent
  - IT-Kenntnisse

6.5.2 Einladungsschreiben per E-Mail

Frau Kunze ist eine von sieben Bewerbern, die eine Einladung zum Interview bekommen. Da sich Frau Kunze online beworben hat, erhält sie eine Einladung per E-Mail.

6.5.3 Vor dem Interview: Kurzvortrag

Es geht nicht in erster Linie darum, mit welcher Brillanz sich jemand in Szene setzt. Selbstverständlich will die Bewerberin mit ihrem Vortrag Eindruck machen. Hier steht im Vordergrund die Frage: Kann sich die Bewerberin klar und verständlich ausdrücken? Ist ihr Vortrag systematisch aufgebaut? Kommt ihre Botschaft an?

Der Kurzvortrag ersetzt keineswegs das Interview, aber es könnte eine sinnvolle Ergänzung bei Bewerbern sein, bei denen es auf Ausdrucksfähigkeit ankommt, also bei allen Führungsnachwuchs- und Führungskräften.

Bewerbung als Leiterin Sozialstation

Sehr gehrte Frau Kunze,

vielen Dank für Ihre Bewerbung. Sie haben uns neugierig gemacht, deshalb würden wir Sie gerne persönlich kennen lernen.
Wir laden Sie ein am

25. Januar 2012, 14.00 Uhr

in unsere Geschäftsstelle zu kommen. Sie haben Gelegenheit, sich mit einem Kurzvortrag bei uns vorzustellen, bei dem Sie sich in einer Selbstpräsentation vorstellen und uns von Ihrer fachlichen und sozialen Kompetenz überzeugen können. Sie können dabei auch Hilfsmittel verwenden. Flipchart und Overhead-Projektor stehen Ihnen zur Verfügung. Ihr Vortrag sollte nicht länger als 15 Minuten dauern.

Nach Ihrer Präsentation findet das Interview statt, an dem der Geschäftsführer des Kreisverbandes und der derzeitige Leiter der Sozialstation teilnehmen.
Bitte bestätigen Sie den Termin per E-Mail.

Wir freuen uns auf Sie.

Mit freundlichen Grüßen

Hubert Lang
Kreisgeschäftsführer

Abb. 6.8 Einladung

6.5.4 Interviewbogen erstellen

Falls die Bewerberin auf das eine oder andere Thema, das im Interview vorgesehen ist, bereits im Kurzvortrag ausführlich behandelt hat, wird man im Interview nicht noch einmal darüber reden.

Name: Helga Kunze **Position:** Leiter(in) Sozialstation

Interviewbogen Leitung Sozialstation

Anforderungen	Fragen
Einstieg	Beschreiben Sie in aller Kürze einen typischen Arbeitstag als Chef(in).
Stärken/Arbeitsergebnisse	Welche Ihrer Stärken konnten Sie als Führungskraft einsetzen? Erzählen Sie uns eine persönliche Erfolgsgeschichte. Durch Misserfolge glänzen Erfolge umso mehr. Was war Ihr größter Flop? Wie beurteilt Ihr Chef Ihre Leistung? Gibt es eine Rückmeldung? Was haben Sie in Ihrer jetzigen Position in den letzten zwei Jahren angeregt, in die Wege geleitet und umgesetzt? Was missfällt Ihnen an Ihrer jetzigen Tätigkeit?
Weiterbildung	Was haben Sie in den letzten zwei Jahren für Ihre berufliche Weiterbildung getan? Was wollen Sie unbedingt noch lernen? Sind Sie ehrgeizig? Was wollen Sie beruflich noch erreichen?
Veränderungsbereitschaft	Wie beurteilen Sie die Veränderungen in der Pflege in den letzten Jahren? Wie haben Sie sich darauf eingestellt?
Organisationstalent	Wie stark ist Ihr Organisationstalent ausgeprägt? Können Sie uns ein Beispiel geben?
Führungsqualitäten	Wie führen Sie ihre Mitarbeiter? (Zielvereinbarung, Mitarbeitergespräche) Werden Sie als autoritär wahrgenommen? Woher wissen Sie, dass Sie als Chef(in) akzeptiert sind? Wo Menschen zusammen arbeiten, gibt es nicht nur Harmonie. Schildern Sie einen Konflikt und wie sie damit umgegangen sind.
▼	

Interviewbogen Leitung Sozialstation	
Anforderungen	**Fragen**
STOPP	Informationen für den Bewerber über Aufgabe, Unternehmen, Weiterbildung
Gehalt/ Eintrittstermin	Was ist Ihre Gehaltsvorstellung? Wann könnten Sie anfangen?
Abschlussfragen	Haben Sie IT-Kenntnisse? Was machen Sie in Ihrer Freizeit? Warum wollen Sie die Stelle wechseln? Nennen Sie uns vier Gründe, warum Sie diese Position die Richtige sind?

6.5.5 Interviewverlauf (Ausschnitt)

Anforderungskriterium: Erfahrung in der Projektarbeit
Frage: Was waren das für Projekte, die Sie geleitet haben?
Bewerberin: Zwei Projekte möchte ich beispielhaft nennen. Das erste Projekt liegt schon Jahre zurück. Es ging um die Einführung eines Qualitätsmanagements, also um Qualitätsstandards, beim zweiten um die Einführung der Bezugspflege.
Frage: Bleiben wir bei der Einführung der Bezugspflege. Gab es Widerstand seitens der Projektmitglieder und später bei der Umsetzung?
Bewerberin: Es hätte mich gewundert, wenn alles ohne Konflikte über die Bühne gegangen wäre. Auseinandersetzung ist wichtig. Es muss kontrovers diskutiert werden. Zuviel Harmonie mindert oft die Qualität der Ergebnisse.
Frage: Eine Projektgruppe ist doch kein Parlament. Wenn man sich nicht einig wird, dann führen Sie doch keine Mehrheitsentscheidung durch Abstimmung herbei, oder?
Bewerberin: Nein, sicher nicht. Aber es kann auch nicht sein, dass man sich aus Bequemlichkeit oder Harmoniesucht schnell auf den kleinsten gemeinsamen Nenner einigt. Man muss als Projektleiterin genau aufpassen, dass man sich nicht gleich dem Mainstream anschließt. Ich glaube nicht immer an die Weisheit der Gruppe, das könnte auch ein Glaube an die Mittelmäßigkeit sein.

Frage: Wie ist das Projekt »Einführung der Bezugspflege« ausgegangen?
Antwort: Gut. Die Vorschläge der Projektgruppe wurden der Geschäftsleitung vorgestellt, Einwände diskutiert und noch ein paar Änderungen vorgenommen. Bei der Umsetzung gab es am Anfang Schwierigkeiten, weil einige Mitarbeiter sich durch die Änderung (»Schon wieder was Neues!«) genervt fühlten.
Frage: Wie haben Sie darauf reagiert?
Bewerberin: Wir haben mit jedem einzelnen gesprochen, die Einwände diskutiert und konnten auch die letzten Skeptiker von den Vorzügen überzeugen. Wir haben dabei auch klar gemacht, dass es keine perfekten Lösungen gibt.

6.5.6 Eignungsbeurteilung

Name: Helga Kunze **Position:** Leiter(in) Sozialstation

Muster Eignungsbeurteilung Leitung Sozialstation					
Anforderungen (Soll)	**Ausprägungsgrad (Ist)**				
	schwach	→	→	→	**stark**
	1	**2**	**3**	**4**	**5**
Studium Pflegemanagement/ Betriebswirtschaft oder vergleichbare Kenntnisse					x
Weiterbildung					x
Erfahrung als Führungskraft				x	
Erfahrung in der Projektarbeit				x	
IT-Kenntnisse				x	
Soziale Kompetenz: Empathie, Kooperation, Kommunikation					x
Sprachliches Ausdrucksvermögen				x	
Erfahrung in der Projektarbeit				x	

6.5.7 Gesamteindruck

Der Kurzvortrag hat bei den Zuhörern einen positiven Eindruck hinterlassen, der sich im Interview bestätigt hat. Frau Kunze kann sich klar ausdrücken, in einer schnörkellosen und einfachen Sprache, die jeder auf Anhieb versteht.

Frau Kunze legt großen Wert auf Teamarbeit und den respektvollen Umgang mit Patienten und Kollegen. Sie hinterlässt den Eindruck, dass sie als Führungskraft akzeptiert ist. Trotzdem sie ein Herz für Ihre Patienten hat, verliert sie die wirtschaftlichen Aspekte nicht aus den Augen.

Zusammenfassende Beurteilung:

- **gut geeignet ☑**
- geeignet ☐
- nicht geeignet ☐

Zusammenfassung

Die Systematik bei der Vorgehensweise bietet ein Stück Sicherheit bei allen Unwägbarkeiten der Bewerberauswahl, weil bei der Beurteilung der Eignung immer Fragen offen bleiben und es letzten Endes keine Gewissheit geben kann. Die Entscheidung, wer eingestellt wird, bleibt deshalb eine Prognose. Trotzdem gibt es einen Grundsatz, der für diese Personalentscheidung gilt: Am Beginn dieser Vertragsbeziehung zwischen Unternehmen und Mitarbeiter, die eine Arbeitsbeziehung zwischen Menschen ist, dürfen keine Zweifel an der Qualifikation bestehen. Alle Beteiligten, der Geschäftsführer, Personalreferent, künftige Chef und der aktuelle Stelleninhaber müssen sich einig sein. Das Votum muss einstimmig ausfallen, damit sich später niemand herausreden kann: »Ich habe es gleich gesagt. Das ist nicht die Richtige«. Ein guter Start für einen neuen Mitarbeiter kann nur gelingen, wenn er bei der Einarbeitung unterstützt wird. Wer von vorneherein die Einstellungsentscheidung für falsch hält, wird vermutlich nichts tun, um diese Entscheidung zu rechtfertigen.

Literatur

Gabrisch, J (2004) Die Besten entdecken. Luchterhand München

Lang-von Wins, T, & Triebel, C, Buchner U, Sandor, A (2008) Potenzialbeurteilung. Springer Berlin

Redaktion Bildung und Wissen (2011) Bin dabei:) Von der Probezeit bis Prüfung – Als Azubi erfolgreich durchstarten. Verlag Bildung und Wissen Nürnberg

Rechtliche Hinweise

7.1 Allgemeines Gleichbehandlungsgesetz (AGG)

Das Allgemeine Gleichbehandlungsgesetz (AGG) vom 18. August 2006 (umgangssprachlich Antidiskriminierungsgesetz) regelt den Schutz der Beschäftigten vor Benachteiligung wegen der Rasse, der ethnischen Herkunft, des Geschlechts, der Behinderung, der sexuellen Orientierung, des Alters, der Religion und der Weltanschauung.

Arbeitnehmer, die sich aus den Gründen nach § 1 des AGG benachteiligt fühlen, können sich bei ihrem Vorgesetzten beschweren. Sie können sich auch mit ihrer Beschwerde an den Betriebsrat wenden. Verstößt der Arbeitgeber fahrlässig oder vorsätzlich gegen das Diskriminierungsverbot, hat er den materiellen Schaden zu ersetzen (§ 15 AGG). Hier sind Ansprüche auf Schmerzensgeld gemeint, die durch eine Verletzung des AGG entstanden sind. Dieser Anspruch ist auf drei Monatsgehälter begrenzt. Hier gilt die Umkehr der Beweislast. Üblicherweise liegt die Beweislast beim Kläger (was in den meisten Fällen der Arbeitnehmer wäre), der beweisen muss, dass die Beklagte (hier der Arbeitgeber) gegen ein Gesetz verstoßen hat und dadurch ein Schaden entstanden ist. Nach § 22 AGG wird das Prinzip der Beweislast umgekehrt. Wenn der Arbeitnehmer beweisen kann, dass Indizien eine Benachteiligung vermuten lassen, trifft die Beweislast den Arbeitgeber. Solche Indizien können sich aus Stellenanzeigen, Personalfragebögen oder Arbeitsverträgen ergeben. Der Arbeitnehmer muss nicht beweisen, dass der Arbeitgeber diskriminiert hat. Der Arbeitgeber hat die volle Beweislast.

7.1.1 Diskriminierung wegen des Alters und des Geschlechts

Interne Stellenausschreibungen und externe Stellenanzeigen müssen benachteiligungsfrei sein, also geschlechtsneutral und ohne Alterseinschränkung. Wer in der Anzeige schreibt »Wir suchen eine junge, engagierte Stationsschwester« läuft Gefahr, wegen Verstoßes gegen das AGG verklagt zu werden.

In einer juristischen Fachzeitschrift wurde ein »junger engagierter Volljurist« bzw. »eine junge engagierte Volljuristin« gesucht. Ein 49-jähriger Volljurist hatte sich um die Stelle beworben und erhielt eine Absage. Er reichte Klage ein wegen Verstoßes gegen § 11 des AGG und verlangte Schadenersatz in Höhe eines Jahresgehalts.

▼

Es wurde tatsächlich eine 33-jährige Volljuristin eingestellt. Der Rechtsstreit ging bis zum Bundesarbeitsgericht. Dem Schadenersatzanspruch hat das Gericht nicht entsprochen, dem Kläger wurde aber eine Entschädigung in Höhe eines Monatsgehalts zugestanden.

Es dürfen auch keine Altersangaben gemacht werden, wie zum Beispiel »Sie sind zwischen 25 und 35 Jahre alt …«. Auch allgemeiner formulierte Alterseinschränkungen sind unzulässig, wie »Für unser junges Team suchen wir …«

7.1.2 Diskriminierung wegen Benachteiligung bei Beförderung

Einer Abteilungsleiterin eines großen Unternehmens wurde von ihrem Chef eine Direktor-Position in Aussicht gestellt. Als es soweit war, wurde die Frau schwanger und ihr Chef nahm die Zusage mit der Bemerkung zurück: »Freuen Sie sich doch auf Ihr Kind!« Die Abteilungsleiterin fühlte sich diskriminiert und reichte Klage ein. Nach 5-jähriger Prozessdauer durch alle Instanzen bewertete das Bundesarbeitsgericht die Bemerkung des Chefs, sie soll sich auf das Kind freuen, als Indiz für eine Benachteiligung der Frau. Das Landesarbeitsgericht Berlin-Brandenburg hat dann entschieden (Az 3 Sa 917/11), dass ihr ein Schadenersatzanspruch in Höhe von 17.000 Euro gewährt wurde.

Dieser Fall lässt sich leicht auf die Gesundheits- und Pflegebranche übertragen, wenn zum Beispiel in einem größeren Krankenhaus einer Pflegedienstleiterin der Posten einer Pflegedirektorin in Aussicht gestellt wurde.

7.1.3 Diskriminierung ethnische Herkunft

Der Fall ging durch alle drei Instanzen der Arbeitsgerichtsbarkeit. Die Klägerin, deren Muttersprache kroatisch ist, arbeitet seit 14 Jahren als Reinigungskraft in einem Schwimmbad und wurde auch als Vertretung an der Kasse eingesetzt. Im Frühjahr 2006 forderte der Betriebsleiter des Schwimmbads die Klägerin auf, ihre Deutschkenntnisse zu verbessern und auf eigene Kosten außerhalb der Arbeitszeit einen Deutschkurs zu besuchen. Die vom Arbeitgeber verlangte Kostenübernahme lehnte die Klägerin ab und besuchte keinen Deutschkurs. Darauf hin kam es zu einer Ab-

▼

mahnung. Die Klägerin reichte Klage beim Arbeitsgericht wegen Diskriminierung aufgrund ihrer ethnischen Herkunft ein und verlangte eine Entschädigung in Höhe von15.000 Euro.
Wie bereits die Vorinstanzen hatte die Klage beim Bundesarbeitsgericht keinen Erfolg. Die Begründung: Ein Arbeitgeber kann die Teilnahme an Sprachkursen auf eigene Kosten verlangen, wenn die Arbeitsaufgabe die Beherrschung der Sprache erfordere. (Urteil Bundesarbeitsgericht vom 22. Juni 2011 – 8AZR 48/10)

7.1.4 Foto bei der schriftlichen Bewerbung

Formulierungen in Stellenanzeigen wie »Bitte schicken Sie uns Ihre vollständigen Bewerbungsunterlagen mit Lichtbild« könnten auch einen Verstoß gegen das Gleichbehandlungsgesetz sein. Die Arbeitgeber in Deutschland werden wohl in Zukunft auf Bewerbungsfotos verzichten müssen, wie das in anglo-amerikanischen Ländern üblich ist. Noch ist es aber übliche Praxis, Urteile gibt es noch nicht.

7.2 Zulässige Fragen: Krankheit, Schwerbehinderung, Vorstrafen, Auskünfte einholen

Ein Arbeitgeber darf nur insoweit in die Privatsphäre des Bewerbers eindringen, wie er ein »berechtigtes Interesse« hat, d.h., die Fragen müssen unmittelbar mit der künftigen Tätigkeit zusammenhängen. Fragen aus dem Intimbereich sind unzulässig (»Nehmen Sie die Pille?«). Das ergibt sich aus § 2 Grundgesetz (Allgemeines Persönlichkeitsrecht). Auch Fragen nach der Gewerkschafts-, Partei- und Religionszugehörigkeit sind unzulässig.

Zulässige Fragen – zum Beispiel über den beruflichen Werdegang – muss der Bewerber wahrheitsgemäß beantworten. Bei einer unzulässigen Frage darf der Bewerber lügen, ohne dass dies rechtliche Folgen für ihn hätte. Wenn zulässige Fragen falsch beantwortet oder Dinge verschwiegen werden, kann der Arbeitgeber den Arbeitsvertrag wegen arglistiger Täuschung anfechten, aber nur dann, wenn es bei wahrheitsgemäßer Beantwortung nicht zum Abschluss des Arbeitsvertrages gekommen wäre.

7.2.1 Schwangerschaft

Karin Precht, Gesundheits- und Krankenpflegerin, hat einen unbefristeten Arbeitsvertrag abgeschlossen. In dem Personalfragebogen, der Bestandteil des Arbeitsvertrages ist, hat sie die Frage: »Sind Sie schwanger?« wahrheitswidrig mit »Nein« beantwortet, obwohl sie wusste, dass sie im vierten Monat schwanger war. Als sie dem Arbeitgeber innerhalb der 3-monatigen Probezeit mitteilt, dass sie schwanger sei, kündigt dieser das Arbeitsverhältnis fristlos wegen wahrheitswidriger Angaben im Personalfragebogen. Ist die Kündigung wirksam?

Die Frage nach der Schwangerschaft ist nach der Rechtsprechung des Bundesarbeitsgerichts nicht zulässig. Eine solche Frage sei eine unzulässige Benachteiligung der Frauen und verstoße gegen das Diskriminierungsverbot des § 611a BGB (Bürgerliches Gesetzbuch). Die Frage ist dann ausnahmsweise zulässig, wenn eine Beschäftigung unter dem Aspekt des Gesundheitsschutzes nicht in Frage kommt, z.B. Strahlenbelastung in der Röntgenabteilung eines Krankenhauses.

Eine Offenbarungspflicht gibt es nicht. Bewerberinnen müssen von sich aus **nicht** darauf hinweisen, dass sie schwanger sind.

Der Arbeitgeber kann das Arbeitsverhältnis auch in der Probezeit nicht kündigen, weil für Schwangere ein absolutes Kündigungsverbot besteht. Hätte der Arbeitgeber mit Karin Precht für die 3-monatige Probezeit einen Vertrag über ein befristetes Arbeitsverhältnis abgeschlossen, könnte er das Arbeitsverhältnis mit Fristablauf trotz Schwangerschaft beenden.

7.2.2 Krankheiten

Die allgemeine Frage: »Waren Sie in den letzten drei Jahren ernsthaft krank?«, ist nicht zulässig. Die Frage nach den Krankheiten muss in Zusammenhang mit der künftigen Tätigkeit stehen, wie z.B. bei einer Kinderkrankenschwester: »Hatten Sie in den letzten beiden Jahren ansteckende Krankheiten?«

7.2.3 Schwerbehinderung

Die Frage nach einer Behinderung (nicht nur Schwerbehinderung) ist nur dann zulässig, wenn sie die Eignung für die vorgesehene Tätigkeit betrifft. Die Frage nach der Schwerbehinderung ist immer dann zulässig, wenn der Arbeitgeber die Beschäftigungsquote nach dem Gesetz erhöhen will.

Wer ist schwerbehindert? Schwerbehindert im Sinne des Sozialgesetzbuches IX ist, wer mindestens 50% in seiner Funktion beeinträchtigt ist und wer sich nicht nur vorübergehend, sondern länger als sechs Monate in einem »regelwidrigen geistigen oder seelischen Zustand« befindet. Die Behinderung wird durch die Behörden nach dem Bundesversorgungsgesetz festgestellt.

Alle privaten und öffentlichen Arbeitgeber mit mehr als 20 Arbeitsplätzen, haben mindestens 6% Schwerbehinderte zu beschäftigen. Kommt der Arbeitgeber dieser Pflicht nicht nach, so hat er eine Ausgleichsabgabe zwischen 105 und 260 Euro pro Monat und Arbeitsplatz zu zahlen, je nach Beschäftigungsquote (§ 77 SGB IX).

Ein Arbeitgeber muss dies wissen, weil die Behinderung Auswirkungen hat: Gestaltung des Arbeitsplatzes, Zusatzurlaub, Kündigungsschutz.

7.2.4 Vorstrafen

Vorstrafen muss der Bewerber von sich aus nicht nennen, das widerspräche dem Resozialisierungsgedanken. Deshalb ist auch die allgemeine Frage: »Sind Sie vorbestraft?« nicht erlaubt. Die Frage nach Vorstrafen ist nur dann zulässig, wenn sie für die angestrebte Tätigkeit von Bedeutung ist, zum Beispiel bei einem Altenpfleger im ambulanten Pflegedienst: »Sind Sie wegen Verkehrsdelikten in den letzten beiden Jahren bestraft worden?«

7.2.5 Auskünfte über Bewerber einholen

Ein Arbeitgeber ist berechtigt, Auskünfte über Bewerber einzuholen. Der Bewerber kann jedoch darauf bestehen, dass sich die Firma beim Arbeitgeber, bei dem er noch beschäftigt ist, nicht erkundigt. Hält sich der künftige Arbeitgeber nicht daran, kann er schadensersatzpflichtig werden.

7.3 Interne Stellenausschreibung

Nach § 93 Betriebsverfassungsgesetz kann der Betriebsrat (Personalrat im öffentlichen Dienst) verlangen, »dass Arbeitsplätze, die besetzt werden sollen, allgemein oder für bestimmte Arten von Tätigkeiten, vor ihrer Besetzung innerhalb des Betriebs ausgeschrieben werden.« Arbeitgeber und Betriebsrat sollten darüber eine Vereinbarung treffen. Bei einem ambulanten Pflegedienst einer Sozialstation eines Wohlfahrtverbandes mit dreißig Altenpflegern und einer Fluktuationsrate von 30% ist es nicht sinnvoll, freiwerdende Arbeitsplätze für Altenpfleger intern auszuschreiben, weil interne Bewerbungen nicht zu erwarten sind.

7.4 Vorstellungskosten

Wenn ein Unternehmen einen Bewerber zu einem Vorstellungsgespräch einlädt, hat es ihm die Kosten zu erstatten für Fahrt, Übernachtung und Verpflegung (§ 670 BGB). Ein Urlaubstag muss nicht vergütet werden.

Werden im Einladungsschreiben keine Einschränkungen gemacht (»Wir erstatten nur Bundesbahn 2. Klasse«), dann hat der Bewerber bei Benutzung des eigenen PKWs Anspruch auf Kilometergeld. In der Regel auf den steuerlich zulässigen Höchstsatz oder den Satz, den die Firma auch ihren Mitarbeitern zahlt. Ein Anspruch auf Kostenersatz besteht unabhängig davon, ob ein Arbeitsverhältnis zustande kommt. Nur wer sich unaufgefordert vorstellt, hat keinen Rechtsanspruch auf Auslagenersatz.

Die Frage, in welchen Fällen Flugkosten oder eine Fahrkarte 1. Klasse erstattet werden, hängt von den Umständen des Einzelfalls ab. Benutzt ein Bewerber wegen der großen Entfernung das Flugzeug und spart dabei eine Übernachtung, wird eine Firma das akzeptieren müssen. Ob ein Bewerber mit dem Zug in der 1. Klasse fährt, ist seine Entscheidung. Wenn das Unternehmen im Einladungsschreiben keine Einschränkung gemacht hat (»Wir erstatten nur die Kosten der 2. Klasse«), muss der Arbeitgeber die Fahrtkosten erstatten. Eine andere Frage ist, ob der Bewerber gut beraten ist, die 1. Klasse bei Bahnreisen zu benutzen, wenn er sich um eine Stelle als Krankenpfleger bewirbt. Dieser Schuss könnte auch nach hinten losgehen.

7.5 Tests

Tests, die die Eignung für die künftige Tätigkeit feststellen sollen, sind ebenso zulässig wie Arbeitsproben, Leistungstests und Assessment-Center-Verfahren.

Persönlichkeitstests sind umstritten, weil sie in den Intimbereich eindringen und Persönlichkeitsrechte verletzen. Urteile dazu und eine höchstrichterliche Entscheidung gibt es nicht.

7.6 Einstellungsuntersuchung

Die Einstellung kann von einer ärztlichen Untersuchung abhängig gemacht werden. Die Kosten trägt der Arbeitgeber. Meistens führt ein Betriebsarzt die Untersuchung durch. Der Arzt hat Schweigepflicht, d.h., er darf dem Arbeitgeber nur mitteilen, ob der künftige Mitarbeiter für die vorgesehene Tätigkeit körperlich geeignet ist. Bei Jugendlichen (bis 17 Jahre) und bestimmten Tätigkeiten im Lebensmittelbereich und in Kantinen (Gesundheitsamt) ist eine Einstellungsuntersuchung Pflicht.

Im Übrigen gilt für die Einstellungsuntersuchung die Beschränkung wie beim Fragerecht des Arbeitgebers. Bei medizinischem Personal kann ein HIV-Test zulässig sein und bei einem Anstreicher ein Allergietest. Bei einer Bürotätigkeit gehen Leberwerte oder eine HIV-Infektion den Arbeitgeber nichts an. Gen-Tests sind generell nicht zulässig. Blut- und Urinproben sind nicht zulässig, um Alkohol- und Drogenkonsum festzustellen. Das entschied das Landesarbeitsgericht Baden Württemberg (Az 16 Ta BV 4/02).

7.7 Mitwirkung des Betriebsrats

Nach dem Betriebsverfassungsgesetz muss der Betriebsrat in Betrieben mit mehr als 20 Mitarbeitern einer geplanten Einstellung zustimmen (§ 99 BetrVG). Das gilt für befristete und unbefristete Arbeitsverträge.

Der Betriebsrat kann verlangen, dass ihm vor der Einstellung sämtliche Bewerbungsunterlagen gezeigt werden. Er kann aber nicht darauf bestehen, dass ein Betriebsratsmitglied bei Bewerberinterviews dabei ist. Wer eingestellt wird, ist eine unternehmerische Entscheidung. Dem Betriebsrat sind beim Zustimmungsverweigerungsrecht enge Grenzen gesetzt, deshalb kann auch bei der Einstellung nicht von »Mitbestimmung« die Rede sein. Der Betriebsrat kann nur seine Zustimmung mit den Gründen verweigern, die im Gesetz genannt sind:

a) Die Einstellung verstößt gegen ein Gesetz, einen Tarifvertrag oder eine Betriebsvereinbarung.
So muss der Arbeitgeber zum Beispiel prüfen, ob die Stelle mit einem Schwerbehinderten besetzt werden kann. Eine »falsche Eingruppierung« bei der Bezahlung nach Tarifvertrag berechtigt den Betriebsrat nicht, die Zustimmung zu verweigern. Der Betriebsrat, aber auch der Arbeitnehmer selbst kann die Eingruppierung durch das Arbeitsgericht überprüfen lassen.
b) Die Einstellung verstößt gegen eine Auswahlrichtlinie nach § 95 BetrVG. Wenn es solche »Auswahlrichtlinien« gibt (Betriebsvereinbarung zwischen Arbeitgeber und Betriebsrat), sind sie verbindlich, wie z.B. die Bestimmung, dass bei der Besetzung von freien Stellen Auszubildende mit bestandener Prüfung zuerst berücksichtigt werden.
c) Die Besorgnis besteht, dass durch die Einstellung andere Mitarbeiter gekündigt werden.
Wie soll das gehen? Der Betriebsrat müsste das konkret belegen. Mir ist kein Fall aus der Praxis bekannt.
d) Die interne Stellenausschreibung ist unterblieben, die der Betriebsrat nach § 93 BetrVG verlangen kann. Der Arbeitgeber muss das Ergebnis der internen Stellenausschreibung nicht abwarten bevor er die externe Suche startet, sondern kann dies gleichzeitig tun. Hat der Arbeitgeber trotz Verlangen des Betriebsrats die Ausschreibung versäumt, so muss es dies nachholen. Dadurch kann sich die Einstellung verzögern, weil die Anhörungsfrist (7 Tage) von neuem beginnt.
e) Die Besorgnis besteht, dass der künftige Mitarbeiter den Betriebsfrieden stört. Ein solcher Fall ist aus der Praxis und der Rechtsprechung nicht bekannt.

Der Gesetzgeber hat mit dem § 99 Betriebsverfassungsgesetz eine hohe formale Hürde aufgebaut. Ein Arbeitgeber kann es sich nicht aussuchen, ob er den Betriebsrat einschaltet oder nicht. Er muss ihn über die geplante Einstellung informieren und ihm die Bewerbungsunterlagen vorlegen. Der Betriebsrat hat sieben Tage Zeit, sich zu äußern.

Er hat drei Möglichkeiten:

- Er kann der Einstellung zustimmen (der häufigste Fall).
- Er kann die 7-Tage-Frist verstreichen lassen. Schweigen gilt als Zustimmung.

- Er kann die Zustimmung innerhalb der Wochenfrist verweigern und dem Arbeitgeber die Gründe mitteilen.

Der Arbeitgeber hat dann die Möglichkeit, die fehlende Zustimmung durch das Arbeitsgericht ersetzen zu lassen. Er kann in dringenden Fällen die Einstellung zunächst »vorläufig« vornehmen (§ 100 BetrVG).

7.8 Personalentscheidung, Absagebrief

Die Entscheidung, wer eingestellt bzw. abgelehnt wird, sollten die Unternehmen dokumentieren, damit dies bei Streit vor dem Arbeitsgericht nachvollziehbar ist. Es ist daher zu empfehlen, die schriftlichen Eignungsbeurteilungen – wie in diesem Buch dargestellt – nicht zu vernichten. Die Gründe in Absagebriefen dürfen sich deshalb auch nur auf die Qualifikation beziehen. Verstöße führen nicht zu einem Anspruch auf Einstellung, aber sie können Schadenersatz- und Schmerzensgeldansprüche zur Folge haben (■ Abb. 6.4).

Zusammenfassung

Das Allgemeine Gleichbehandlungsgesetz von 2006 geht auf eine EU-Richtlinie zurück. Bei Verstößen sind Entschädigungszahlungen vorgesehen. An dieser Stelle werden Fragen behandelt, die mit der Personalauswahl und der Einstellung zu tun haben: Benachteiligungsfreie Stellenanzeigen (geschlechtsneutral, ohne Altersangaben) und Absagebriefe, wo ausschließlich Gründe genannt werden, die sich auf die Qualifikation des Bewerbers beziehen. Arbeitgeber sollten die schriftlichen Aufzeichnungen über die Beurteilung der Eignung aufbewahren, um sie in einem Gerichtsstreit zu verwenden.

Es wird besprochen, welche Fragen beim Einstellungsinterview zulässig bzw. nicht erlaubt sind, wann und in welchem Umfang Bewerber Anspruch auf Erstattung der Vorstellungskosten haben und wie der Betriebsrat bei der Einstellung zu beteiligen ist.

Literatur

Becktexte im dtv (2009) BGB – Bürgerliches Gesetzbuch. dtv München
Becktexte im dtv (2011) Arbeitsgesetze. dtv München
Bährle R (2007) Das Allgemeine Gleichbehandlungsgesetz. Booberg Stuttgart
Hossiep R, Mühlhaus O (2005) Personalauswahl und -entwicklung mit Persönlichkeitstests. Hogrefe Göttingen
Hromadka W (2007) Arbeitsrecht für Vorgesetzte. dtv München
Koch U, Schaub G (2009) Arbeitsrecht von A – Z. dtv München
Wesel U (2004) Alles, was Recht ist – Jura für Nicht-Juristen. Piper München
Wetter R (2008) Der richtige Arbeitsvertrag. dtv München

Stichwortverzeichnis

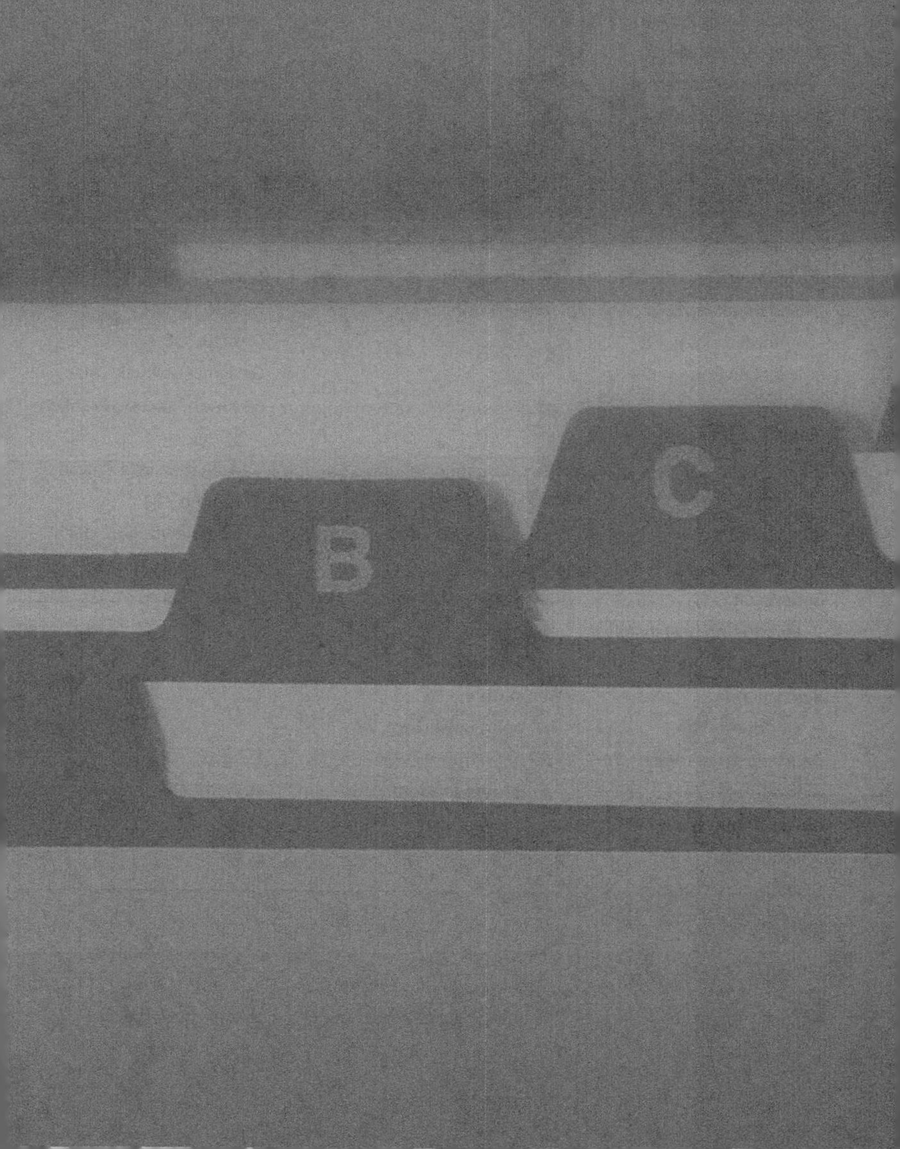

T

V

W

X

Z